W0195608

Erich Maria Remarque

# Im Westen nichts Neues

**INTERPRETATION**

von Marlene Stahl-Busch

**STARK**

© 2018 Stark Verlag GmbH
www.stark-verlag.de

# Inhalt

**Autorin:** Marlene Stahl-Busch

# Vorwort

**Liebe Schülerin, lieber Schüler,**

der Roman *Im Westen nichts Neues* von Erich Maria Remarque stellt die bedeutendste literarische Auseinandersetzung in deutscher Sprache mit dem Ersten Weltkrieg dar.

Dabei sind es v. a. die Gedanken, Gefühle und Reflexionen eines jungen desillusionierten Mannes, die den Leser besonders gefangen nehmen. Getragen von einer tiefen Humanität und einem entschiedenen Pazifismus ist das Werk nicht nur eine Auseinandersetzung mit dem Ersten Weltkrieg, sondern mit Krieg im Allgemeinen. Darin liegt auch seine stete Aktualität begründet. Wir leben immer noch in einer Welt, in der kriegerische Auseinandersetzungen Leid und Elend über die Menschen bringen und in der junge Leute, von heroischen Gesten verführt, zu den Waffen greifen.

Der vorliegende Band soll Ihnen bei der Annäherung an den Roman helfen. Nach einer Biografie des Autors und Informationen zur Entstehungsgeschichte des Werkes erhalten Sie in einer kapitelbezogenen Inhaltsangabe einen Überblick über den Roman. Anschließend werden die zentralen Figuren charakterisiert sowie Aufbau und Erzählstruktur analytisch aufbereitet. Eigene Kapitel widmen sich der Darstellung und Bewertung des Krieges und der verlorenen Generation, bevor Sprache und Stil des Werks untersucht werden. Eine Interpretation zweier ausgewählter Schlüsselstellen im Hinblick auf eine bestimmte Fragestellung soll Ihnen die Vorbereitung auf eine Klausur erleichtern. Den Abschluss bildet eine Darstellung der Rezeptionsgeschichte mit ihren zentralen Aspekten.

Marlene Stahl-Busch

# Einführung

Im Gegensatz zu einer Reihe bekannter Kriegsromane anderer Autoren zeigt Remarques Werk *Im Westen nichts Neues* das Kämpfen und Sterben der Soldaten nicht als heroisches, betont männliches Erlebnis, sondern als Verhängnis, das nicht nur vielen jungen Männern das Leben genommen, sondern auch die Überlebenden traumatisiert hat.

Der pazifistische Grundton des Romans und die als authentisch empfundenen Schilderungen des Lebens und Kämpfens der Soldaten im Stellungskrieg an der Westfront während des Ersten Weltkrieges bildeten zum einen die Grundlage des großen Erfolgs beim Publikum und lösten zum anderen eine wütende Hetzkampagne der politischen Rechten gegen dieses Werk und seine Verfilmung aus. In der kurzen Zeitspanne zwischen dem Erscheinen des Buches und der Machtübernahme der Nationalsozialisten sind zu keinem anderen Roman deutscher Sprache so viele Stellungnahmen, Rezensionen und Positionierungen abgegeben worden. Dabei ging es primär nicht um die künstlerische Wertschätzung, sondern um eine politische Auseinandersetzung damit. Bei Bewunderern und Kritikern stand im Mittelpunkt jeder Bewertung die Haltung des Romans zum Ersten Weltkrieg.

Zugleich ist *Im Westen nichts Neues* einer der größten Bestseller der deutschsprachigen Literatur. Mit einem Vorabdruck in einer zeitgenössischen Zeitung und einer breit angelegten Werbekampagne hat der Ullstein-Verlag mit modernen Marketingstrategien alles für den Erfolg des Romans getan, der allerdings das Ausmaß des Erwarteten deutlich überstieg.

Im Zentrum der Handlung steht eine kleine Gruppe meist junger Soldaten um Paul Bäumer, der sich direkt aus der Oberstufe des Gymnasiums als Freiwilliger zum Dienst an der Waffe gemeldet hat. Begeistert tritt er in die Kaserne ein, doch er erlebt im militärischen Drill und der geisttötenden Zurichtung auf dem Kasernenhof durch einen sadistischen Unteroffizier die ersten Enttäuschungen.

Im Fronteinsatz lernt er die Wirklichkeit des Krieges kennen. Er ist einer Kompanie zugeordnet, die sich in Flandern über lange Monate in einem kräftezehrenden Stellungskrieg aufreibt. Die Erfahrung einer Materialschlacht, die sowohl in der Waffentechnik als auch im Einsatz von Giftgas alles bisher Gekannte übersteigt, lässt ihn in eine tiefe Verzweiflung und eine fatalistische Endzeitstimmung verfallen.

Auf diese Weise gibt der Roman *Im Westen nichts Neues* Anstoß dazu, sich der literarischen Verarbeitung von Kriegserlebnissen zu stellen und auf diese Weise den Wert von Frieden und Menschlichkeit schätzen zu lernen.

# Biografie und Entstehungsgeschichte

## 1 Biografie

Als am 22. Juni 1898 in einem Osnabrücker Krankenhaus ein kleiner Junge auf die Welt kam, der auf den Namen **Erich Paul Remark** getauft wurde, ließ nichts in seinem sozialen Umfeld erwarten, dass **einer der erfolgreichsten deutschen Schriftsteller** das Licht der Welt erblickt hatte. Später, in den Nachkriegsjahren, sollte er seinen zweiten Vornamen auf „Maria" ändern und die französische Schreibweise des Familiennamens übernehmen. Mit dieser Geste wollte er wohl an  seine Vorfahren väterlicherseits erinnern, die es aus Frankreich an den Niederrhein verschlagen hatte.

Er war das zweite von insgesamt vier Kindern des Ehepaars Peter Franz und Anna Maria Remark. Der Vater arbeitete als Buchbinder in einer Osnabrücker Werkstatt und die Lebensverhältnisse der Familie waren in vielerlei Hinsicht **kleinbürgerlich bescheiden und eng**.

Die materiellen Gegebenheiten forderten Einschränkungen und Sparsamkeit. So zog die schnell wachsende junge Familie in Erichs Kindheit und Jugend zwölfmal innerhalb der Stadt Osna-

brück um, z. T. mehrmals innerhalb einer Straße. Das Leben der
Familie wurde von materieller Knappheit regiert und die
sozialen Beziehungen waren nicht von Offenheit geprägt. Der
Vater Peter Franz Remark hatte seinen Wehrdienst bei der
Marine absolviert und war dem Osnabrücker Marine-Verein bei-
getreten. Soldatische Strenge kennzeichnete ihn: ein wortkarger,
pflichtbewusster und zurückhaltender Mann, der als Angehöri-
ger der „Guttempler-Loge" und bekennender Anti-Alkoholiker
jede Ausschweifung abgelehnt haben dürfte. Die Familie war
katholisch und Erich Paul gestaltete als Messdiener Gottes-
dienste mit. Seine Mutter wird als musikliebend geschildert und
sorgte dafür, dass ihr Sohn Klavierunterricht erhielt.

Der kleine Erich war ein eher **verträumtes Kind**, das vor
allem in der Natur sein Refugium suchte und fand. In der Nähe
der vielen Wohnungen seiner Kindheit lag ein Stück unberührte
Natur: der Pappelgraben. In einigen seiner Romane wird er die
Erinnerung an ungestörte Stunden an jenem sauberen Flüss-
chen, umgeben von blühenden Sommerwiesen und schatten-
spendenden Bäumen, literarisch verarbeiten. Er sammelte
Schmetterlinge und Stichlinge und beobachtete die Veränderungen der Natur.

Mit dem Jahr 1904 begann seine Schulzeit. Er besuchte bis
1908 die „Domschule" und anschließend für weitere vier Jahre
die „Johannisschule". Beides waren Volksschulen, eine höhere
Schulbildung war für Söhne mitteloser Eltern zu jener Zeit nur
über den schulgeldfreien Besuch der „Präparande" möglich, die
begabte Volksschulabsolventen auf den Beruf des Pfarrers oder
Volksschullehrers vorbereiten sollte. In diese „Königliche Präpa-
randen-Anstalt" in Osnabrücks Altstadt trat Erich Paul Remark
zu Ostern 1912 im Alter von 14 Jahren ein. Nach einer dreijäh-
rigen Schulzeit erhielt er **1915 das Abschlusszeugnis**, das ihm
den Weg in ein Lehrerseminar eröffnete.

Der junge Erich war kein sonderlich fleißiger Schüler. Offenbar zeigte sich bereits in diesen frühen Jahren sein Wille, seinen eigenen Weg zu suchen und zu gehen. Ein Mitschüler aus der „Präparande" erinnert sich:

> *Remarque machte es sich mit dem Lernen leicht. Er hatte eine sehr gute Auffassungsgabe und lernte darum zu Hause wenig. Nur sein Leib- und Magenfach Literaturgeschichte nahm ihn gefangen. Trotzdem zählte R. in allen Fächern stets zu den Besten der Klasse. Er war ein wenig vorlaut, darum hakte er sich häufig mit seinen Lehrern.*[1]

Sein großes **Interesse galt der Literatur und der Musik**. Seine musikalische Begabung und der über einige Jahre konstante Unterricht hatten ihn zu einem guten Klavier- und Orgelspieler werden lassen. Er sang im Chor der Schule und erteilte gegen Ende seiner Schulzeit selbst erfolgreich Klavierunterricht. Mit diesen Unterrichtsstunden verdiente er genügend Geld, um sich nach und nach eine eigene kleine Bibliothek großer literarischer Werke zusammenzutragen sowie Theater- und Konzertaufführungen zu besuchen. Zu seinen frühen Lektüren gehörten die großen Romane des 19. Jahrhunderts, aber auch die Schriften der Philosophen Kant, Schopenhauer und Nietzsche. Dabei blieb er in seiner Suche nach vertiefter Bildung auf sich allein gestellt und fand anfänglich wenig Gleichgesinnte. Zurückblickend auf seine Kindheitserfahrungen sagte Remarque später: „Weder zu Hause noch in der Schule fand ich Verständnis für meine Träume außerhalb meines Kreises oder Anleitung bei meinen Versuchen, mich unter den Büchern zurechtzufinden."[2]

Als der **Erste Weltkrieg** ausbrach, meldeten sich drei Schüler aus seiner Klasse freiwillig. Remarque selbst gehörte nicht zu dieser Gruppe und es ist verbürgt, dass eine Begeisterung für die soldatische Pflicht ihm fernlag: „Wie kann man sich nur freiwillig melden!", äußerte er freimütig.[3]

Er intensivierte vielmehr mit dem Übergang ins **Lehrersemi-nar** seine Suche nach einem anderen, einem selbstbestimmten Lebensentwurf, nach einer Alternative zu der spießbürgerlichen Enge seiner Herkunft und fand im Frühjahr 1915 eine neue Heimat im **Freundeskreis um den Dichter, Maler und Bohemien Fritz Hörstemeier.** Jener ohne Beachtung gebliebene Künstler sammelte eine Schar schwärmerischer und kunstverarrter junger Männer um sich. In seiner kleinen Bude trafen sie sich, trugen Verse vor, sangen gemeinsam und philosophierten über die Kunst und das Leben. Dabei war der Kreis stilistisch eher rückwärtsgewandt: Kunst und Schönheit sollten sich begegnen. Daneben galt es, den Körper und die Erotik von gesellschaftlichen Zwängen zu befreien und die unberührte Natur als Gegenbild zur festgefügten Welt der Erwachsenen zu feiern. Remarque notierte in seinem Tagebuch einige Jahre später über die Gefühle jener Wochen: „In unserer geordneten Zeit, da man nur auf Befehl und vorschriftsmäßig liebt, wenn Staat, Kirche und Verwandte nichts dagegen haben, wo die Liebe sich in ihren Grenzen hält und praktisch ist, bist du ewig ein Fremder und Suchender gewesen."[4] Für Remarque war diese Zeit eine prägende. Er stellte die Menschen und die Atmosphäre jenes Kreises um den charismatischen Hörstemeier ins Zentrum seines ersten Romans *Die Traumbude*, mit dem er deren Lebensstil und Idealen ein literarisches Denkmal setzte.

Doch auch in dieser verträumten Welt kam irgendwann der Krieg an und der Jahrgang 1898 wurde im November 1916 eingezogen – unter ihnen auch Remarque. Für ihn markierte die Einberufung das Ende seiner Jugend, das Ende einer Phase, in der er frei und in bewusster Abgrenzung vom Alltagsleben sich selbst auf der Spur sein konnte. Erste tastende Schreibversuche hatten im Sommer 1916 zur Veröffentlichung kleiner Zeitungsartikel geführt.

Deutscher Unterstand in Flandern; in dieser Region war der junge Remarque einige Wochen eingesetzt.

**Am 21. November 1916 wurde Remarque Soldat.** Zu diesem Zeitpunkt war der Krieg bereits in das Stadium eines Menschen und Material verschlingenden Stellungskrieges eingetreten und unter militärstrategischen Gesichtspunkten für Deutschland nicht mehr zu gewinnen. Dennoch wurden immer jüngere Jahrgänge einberufen und die Parolen von einem bevorstehenden „Siegfrieden" mit aller Macht aufrechterhalten.

Vor diesem Hintergrund trat der junge Rekrut seine Ausbildungszeit in der Osnabrücker Caprivikaserne an, die Fortsetzung fand in Celle statt, wo er den militärischen Drill kennenlernte. Mehrfach erhielt Remarque Urlaub, um seine erkrankte Mutter zu besuchen. Aus den wenigen überlieferten Berichten von Bekannten jener Zeit geht hervor, dass er im Kameradenkreis anerkannt war, da er als ruhig und freundlich wahrgenommen wurde. Vor allem mit seinem Klavierspiel und kleinen Kunststücken wusste er Achtung und Sympathie zu gewinnen.[5]

Am 12. Juni 1917 wurde er mit dem 2.-Kompanie-Reserve-Infanterie-Regiment-15 an die Westfront kommandiert.

Sein **Kriegseinsatz** war nicht von langer Dauer. Nach sechs Wochen, am 31. Juli, wurde er durch einen Granatsplitter am linken Bein, am rechten Arm und am Hals verwundet und nach einem kurzen **Feldlazarett-Aufenthalt** hinter der Frontlinie bereits im August in das St.-Vinzenz-Hospital in Duisburg über-stellt. In diesen Wochen an der Front und in den verschiedenen Lazaretten erhielt er jedoch einen bleibenden und nachhaltigen Eindruck von den Kampfhandlungen. Seine Kompanie geriet in seiner Einsatzzeit mehrfach unter Beschuss. Er war einem Repa-raturtrupp zugeteilt, der Stacheldrahtzäune vor den Schützen-gräben instand halten, Telefonleitungen reparieren und Muni-tion transportieren musste. Einen Sturmangriff mit schweren Grabenkämpfen erlebte er jedoch selbst nicht.

Sein Krankenhausaufenthalt gestaltete sich langwierig und er wurde als Genesender der Schreibstube im Krankenhaus zuge-teilt. In diese Zeit fiel auch der Tod der Mutter (3. 9. 1917). Im folgenden Frühjahr, im März 1918, starb sein Mentor und Freund Fritz Hörstemeier. Vor allem unter dem Eindruck dieses Todes legte Remarque erste Versuche, die Kriegserlebnisse lite-rarisch zu verarbeiten, aus der Hand und wandte sich seinem Roman *Die Traumbude* bzw. Gedichten im romantischen Stil des Hörstemeier-Kreises zu.

Im Oktober 1918 wurde er offiziell aus dem Duisburger Laza-rett entlassen, in den letzten Tagen des Krieges erhielt er noch die Kriegsauszeichnung EK I (Eisernes Kreuz), deren Annahme er jedoch verweigerte.

Er kehrte nach Osnabrück zurück und nahm im Januar 1919 seine **Ausbildung zum Volksschullehrer** wieder auf, die er mit dem Examen am 25. 6. 1919 abschloss. Dieser scheinbar so geradlinige Verlauf verdeckt die große Unruhe, die Remarque in diesen Nachkriegsjahren offenbar in sich trug. Freunde und Bekannte aus jener Zeit berichteten von einem geckenhaften Auftreten des jungen Mannes, der sich elegant kleidete, Mono-kel und vornehme Handschuhe trug und sich teilweise auch in Uniform zeigte. In dieser dandyhaften Zeit wandelte er auch sei-nen Namen um: Aus **Erich Paul Remark wurde Erich Maria Remarque**. Bei aller Lust am großen Auftritt agierte er in seinem sozialen Umfeld sehr realitätsbezogen und engagiert, setzte sich als Sprecher seines Jahrgangs erfolgreich für Reformen im Lehrerseminar ein und trug die Forderungen der Studierenden sogar beim preußischen Kultusministerium in Berlin vor. Dennoch zeigte er sich hinsichtlich seiner beruflichen Perspektiven eher unentschlossen. Er trat nach erfolgreichem Abschluss der Ausbildung zweimal eine Junglehrerstelle an, die in der Regel eine Vertretung des amtierenden Lehrers im ländlichen Gebiet vorsah. Ein solches, dörflich beschränktes Leben jedoch war für Remarque nicht erträglich und er kehrte dem Lehrerberuf im November 1920 den Rücken.

Die freiwillige Aufgabe einer festen Arbeitsstelle in jenen krisenhaften Jahren zu Beginn der Weimarer Republik zeigt Remarques **Risikobereitschaft**, denn er konnte sich keineswegs sicher sein, als Schriftsteller eine Zukunft zu haben. Zwar publizierte er als Theaterkritiker bei der *Osnabrücker Zeitung* Rezensionen und gelegentlich kleine Texte und Gedichte, außerdem war sein Roman *Die Traumbude* erschienen, aber die Veröffentlichung blieb nicht nur ohne Resonanz, er musste sogar noch einen Zuschuss zu den Druckkosten aufbringen. Seinen Lebensunterhalt konnte er auf diese Weise nicht bestreiten. So hielt er sich mit Gelegenheitsarbeiten über Wasser und lebte zeitweise wieder im Elternhaus. Er arbeitete als Handlungsreisender mit Stoffen und Tüchern, verkaufte Grabsteine, wirkte als Organist und als Buchhalter. Eine Perspektive eröffnete sich im Laufe des Jahres 1922 in der **Journalistik**. Aus sporadischen Werbeartikeln für die Betriebszeitung *Echo Continental* der Continental-Gummiwerke in Hannover wurde eine feste Mitarbeit, Remarque siedelte im April 1922 nach Hannover um. Dort schrieb er kleine, unterhaltsame Artikel über Gummireifen und Paddelboote, über Freizeit und Sport im Allgemeinen sowie Autos und Mode im Besonderen. Seine Position festigte sich, er wurde zum verantwortlichen Redakteur ernannt und zu Ausstellungen und Messen im europäischen Ausland geschickt.

Während er seine Position in der Redaktion der Betriebszeitung ausbaute, arbeitete er in seiner Freizeit weiter an kurzen literarischen Skizzen und seinem zweiten Roman *Gam*, vor allem nahm er Kontakt mit der Hannoveraner avantgardistischen Künstlerszene auf. Wohl unter deren Einfluss macht sich in Teilen der Prosatexte aus jenen Jahren ein **stilistischer Wechsel** bemerkbar: Er unterließ die verklärende und romantisierende Darstellung von Wirklichkeit, die er in der Zusammenarbeit mit Hörstemeier ausgebildet hatte, und orientierte sich beim Schreiben mehr an der Realität.

Remarque blieb nicht in Hannover, zum **Januar 1925** wechselte er nach **Berlin** und trat in die **Redaktion der Hugenberg-Zeitung** *Sport im Bild* ein. Im gleichen Jahr heiratete er die Schauspielerin und Tänzerin Jutta Ilse Zambona, die er bereits aus der Hannoveraner Zeit kannte. Sie lebten eine unkonventionelle Ehe, die nach einigen Jahren bereits wieder geschieden wurde, während die beiden in Freundschaft verbunden blieben.

Die Berliner *Sport im Bild* trug das Image einer angesehenen und eleganten Gesellschaftszeitschrift – was der Untertitel *Das Blatt für die gute Gesellschaft* auch überdeutlich artikulierte.

Berlin war nicht nur die politische Hauptstadt, sondern auch das Zentrum der künstlerischen und intellektuellen Welt Deutschlands.

Der Zeitgeist war nicht rückwärtsgewandt, nachdenklich und reflektiert, vielmehr wollte die große Mehrheit der Bevölkerung endlich durchatmen und suchte Arbeit und Amüsement in der Freizeit. Beides bot Berlin in den als „goldene Zwanziger" bezeichneten Jahren zwischen 1924 und 1929.

Der nationalkonservative Alfred Hugenberg war für die damaligen Verhältnisse ein Medienmogul, der seine Zeitungen meinungsmachend und später auch hetzend gegen die demokratischen Kräfte einsetzte und in der Spätphase der Weimarer Republik als einer der wichtigsten Steigbügelhalter der aufkommenden NSDAP diente. Dass Remarque bei einem der großen Blätter dieses Konzerns eine Stelle als Redakteur annahm, dokumentiert das **geringe politische Profil Remarques** in jener Zeit. Sein Interesse galt dem Feuilleton, dem Sport und den bunten Gesellschaftsthemen. Er wurde Stammgast im „Romanischen Cafe", dem Berliner Treffpunkt vieler berühmter Dichter, und besuchte mit seiner attraktiven Frau aufregende Theater- und Konzertaufführungen sowie rauschende Bälle. Dort traf er interessante Menschen aus Kultur, Sport und Gesellschaft. Eine dieser Bekanntschaften war eine junge Schauspielerin, die gerade ihre ersten Erfolge verbuchte und später eine enge Freundin werden sollte: Marlene Dietrich.

Remarque lebte auf großem Fuß, kleidete sich elegant, kaufte für einige Hundert Reichsmark sogar einem verarmten Adligen dessen Adelstitel ab und präsentierte sich auf seiner Visitenkarte als „Freiherr von Buchwald".[6] Wie in der späten Osnabrücker Zeit versuchte er, mit allen ihm zur Verfügung stehenden Mitteln seinen gesellschaftlichen Status zu erhöhen. Aus verschiedenen Quellen wird deutlich, dass insbesondere seine journalistischen Kollegen diese Auftritte als ungemein peinlich empfanden und Distanz zu dem „Aufschneider" wahrten.

Zu Remarques Leben als Dandy gehörten auch seine wechselnden Beziehungen mit Hollywoodgrößen wie Marlene Dietrich.

Ungeachtet dieser großspurigen Allüren arbeitete Remarque sowohl in seinem journalistischen Alltag wie auch an seinem privaten Schreibtisch sehr eifrig.

Nach wie vor war sein **schriftstellerischer Ehrgeiz** groß. Er veröffentlichte mehrere kleine Prosatexte und 1927 einen Zeitungsroman *Station am Horizont*, der in sieben Folgen in der *Sport im Bild* erschien. Dieser Roman ist unterhaltsam konzipiert und literarisch nicht anspruchsvoll, im Plot eine Rennfahrerstory, bei der sich die Beschreibungen schnittiger Autos und galanter Liebesabenteuer in exotischer Atmosphäre mischen.

Beruflich ging es für ihn vorwärts, ab August 1928 wurde ihm eine leitende Funktion in der Redaktion der Zeitschrift übertragen. Trotz der steigenden beruflichen Beanspruchung verfolgte er seine literarischen Ambitionen weiter: Im Sommer oder Herbst 1927 begann er mit der **Niederschrift des Romans** *Im Westen nichts Neues*, der auch aufgrund einer geschickten Vermarktung des Ullstein-Verlags innerhalb kurzer Zeit zu einem der erfolgreichsten deutschsprachigen Bücher des letzten Jahrhunderts werden sollte.

Der große Erfolg des Romans katapultierte Remarque in ein neues Leben. Ihm wurde gewissermaßen über Nacht eine ungeheure Beachtung zuteil – im Positiven wie auch Negativen. Die *Vossische Zeitung*, die dem Ullstein-Verlag gehörte, druckte den Roman als Vorabdruck in Teilen, beginnend am 10. November 1928. Bereits am 15. November erhielt Remarque seine Kündigung als Redakteur der Zeitschrift *Sport im Bild*. Der Autor eines Romans, der jede Kriegsverherrlichung verweigert, war als Mitarbeiter des Hugenberg-Konzerns nicht tragbar.

Während der S. Fischer Verlag den Roman zuvor als nicht mehr aktuell abgelehnt hatte, wurde er Ende Januar 1929 vom Propyläen Verlag im Programm des Ullstein Verlags herausgegeben.

Remarque ließ sich auf die Marketingstrategie des Verlags ein und blieb in allen öffentlichen Äußerungen bei der verabredeten

Linie: Er habe keine Lehre zu verkünden, wolle nur das Erleben des Krieges rückhaltlos schildern und dabei sich selbst von seinen Traumata befreien. Der ungeheure Erfolg, den er in dieser Dimension selbst nicht für möglich gehalten hatte, versetzte ihn ökonomisch in eine komfortable Lage. Er war nicht mehr gezwungen, einem Broterwerb nachzugehen, und konnte sich frei den Dingen widmen, die ihn interessierten.

Wenn er auch für die nahe Zukunft aller materiellen Sorgen ledig war, so blieben doch Schübe von depressiver Verstimmung, die Remarque schon länger kannte und die er auf seine Erfolglosigkeit als Schriftsteller zurückgeführt hatte. Als der Erfolg über ihn hereinbrach und er dennoch keine innere Ausgeglichenheit fand, erkannte er, dass Erfolg „den Menschen nicht ausfüllt".[7] Ein **Gefühl der Verlorenheit**, der Melancholie und Hoffnungslosigkeit, das sich aus den Erfahrungen des unsinnigen Sterbens und Tötens bei vielen Vertretern dieser Generation gebildet hatte, bestimmte auch Remarque und bildet die **Grundmelodie seiner Romane**.

Remarque plante, einen Folgeband zu schreiben, in dem die menschlichen Schicksale der Kriegsheimkehrer im Mittelpunkt stehen sollten. Da Berlin ihm zu unruhig war und er sich die eigene Vergangenheit vergegenwärtigen wollte, zog er sich nach Osnabrück zurück, wo er konzentriert am Roman *Der Weg zurück* arbeitete. Auch dieser Roman wurde ab dem 7. Dezember 1930 als Vorabdruck in der *Vossischen Zeitung* veröffentlicht.

Im Jahre 1930 wurde die Ehe mit Jutta Ilse Zambona zum ersten Mal geschieden und das Liebeskarussell im Leben Remarques drehte sich von nun an in größerer Geschwindigkeit. Wechselnde Beziehungen (u. a. mit Marlene Dietrich und Greta Garbo), viele Reisen und lange Nächte mit reichlich Alkohol kennzeichneten sein privates Leben. Er reiste mehrmals im Jahr nach Paris oder an die französische Mittelmeerküste, stets mit wechselnder Begleitung. Nach einer im April 1932 erfolgten Beschlagnahmung von Bankguthaben durch den deutschen Staat in Höhe von 20 000 RM wegen angeblichem Devisenvergehen verlegte er seinen **ständigen Wohnsitz in die Schweiz**.

Im November 1932 fuhr er für lange Zeit zum letzten Mal nach Berlin und verließ die Stadt wenige Tage vor

Seit April 1932 Remarques ständiger Wohnsitz am Lago Maggiore in der Schweiz

der Ernennung Hitlers zum Reichskanzler Ende Januar 1933 in Richtung Schweiz.

Nachdem die Nationalsozialisten schon vorher versucht hatten, Remarque als Lügner zu verleumden, wurden seine Bücher bei den **Bücherverbrennungen im Mai 1933** öffentlich den Flammen übergeben.

Im Jahre 1938 wurde Remarque die deutsche Staatsbürgerschaft entzogen, was der Schriftsteller als tiefen Einschnitt empfand. Später sagte er dazu: „Es war ein solcher Schock für mich, Deutschland verlassen zu müssen, daß ich vier Jahre brauchte, um meinen dritten Roman *Drei Kameraden* zu Ende schreiben zu können. Ich war ohne eigenes Land wie ein Tier, das nichts mehr zu fressen bekam."[8] Mit dieser Ausbürgerung, die in Remarques Augen einer Vertreibung gleichkam, war der Rahmen für ein weiterhin unstetes Leben endgültig gesetzt. Das Schicksal der Emigranten wird er in späteren Romanen *(Arc de Triomphe, Liebe Deinen Nächsten, Die Nacht von Lissabon)* literarisch gestalten.

Während des Krieges lebte er überwiegend in den USA, danach pendelte er zwischen der Schweiz und den USA, deren Staatsbürgerschaft er mittlerweile angenommen hatte. Auf die erneute Heirat mit Jutta Ilse Zambona folgte in den 1950er-

Jahren die zweite Scheidung und ein weiterhin unstetes Beziehungschaos, bis er 1958 die wesentlich jüngere Schauspielerin Paulette Goddard ehelichte.

Mit seiner Familie hielt er nur losen Kontakt und so erfuhr er erst spät, dass seine Schwester Elfriede Scholz wegen „Wehrkraftzersetzung" zum Tode verurteilt und in Berlin-Plötzensee im Dezember 1943 hingerichtet worden war.

Nach dem Zweiten Weltkrieg kam er zu einigen Besuchen nach Deutschland, blieb aber amerikanischer Staatsbürger und lebte, wenn er in Europa weilte, überwiegend in seiner Villa in der Schweiz. Obwohl er in den letzten Jahren seines Lebens gesundheitlich sehr angeschlagen war und mehrere Herzattacken erlitt, war er bis zu seinem Tod äußerst produktiv.

Im Jahre 1963 bekam er von der Stadt Osnabrück als höchste Auszeichnung der Stadt die Möser-Medaille verliehen und im Jahre 1967 als Anerkennung für seine Lebensleistung das Große Verdienstkreuz der Bundesrepublik Deutschland.

**Erich Maria Remarque starb am 25. September 1970** in Locarno in der Schweiz. Seine Witwe, Paulette Remarque-Goddard, übergab seinen schriftstellerischen Nachlass der Fales Library an der New York University, New York.

## 2 Entstehungsgeschichte des Romans – Schaffung eines Bestsellers

Der Roman *Im Westen nichts Neues* wurde in 49 Sprachen übersetzt, auch in sogenannte „kleine Sprachen" wie z. B. Afrikaans, Kasachisch und Birmanisch. Die **absolute Auflagenhöhe** wird auf **ca. 20 Millionen** geschätzt.[9] Es ist also kaum zu glauben, dass Remarque zunächst Schwierigkeiten hatte, einen Verlag für sein Manuskript zu finden. Mit der Begründung, zehn Jahre nach dem Krieg und in der neuen Aufbruchsstimmung wolle doch niemand mehr etwas vom Krieg hören und lesen, wurde er vom S. Fischer Verlag abgewiesen.

Schließlich fand er ein offenes Ohr beim Ullstein Verlag. Doch auch dieser sicherte sich in dem mit Remarque geschlossenen Autorenvertrag gegen einen Misserfolg ab: Die Übereinkunft enthielt die Klausel, dass der Autor im Falle eines Misserfolgs die vereinbarten Vorschusszahlungen als Journalist in einer der Zeitschriftenredaktionen des Ullstein Verlags abarbeiten müsse.

Auf der anderen Seite investierte der Verlag Geld und Energie in das **Marketing**. Schon im Vorfeld des Erscheinens wurden große **Anzeigen in Zeitungen** geschaltet und **Plakate an Litfasssäulen** angebracht. Ein Vorabdruck wurde Rezensenten zur Verfügung gestellt, sodass die **Rezensionen** schon vorlagen, als noch kein Buch im Handel war. Auffällig ist dabei, dass der Verlag Anzeigen nicht primär in Literaturbeilagen platzierte, sondern im Informationsteil auflagenstarker Zeitungen und Zeitschriften, in denen Buchwerbung gemeinhin gar nicht vorkam. Mit Plakaten und sonstigen Werbematerialien wurden Buchhandlungen jeder Größe versorgt, die daraufhin ihre Schaufenster entsprechend dekorierten. Dies macht deutlich, dass der Verlag von vornherein **ein Massenpublikum ansprechen** wollte.

Nur ein kapitalkräftiger Verlag wie Ullstein war in der Lage, die sprunghaft ansteigende Nachfrage in kürzester Zeit zu befriedigen und damit den Schneeballeffekt der ersten Verkaufsphase auszunutzen. Über Monate aktivierte der Ullstein Verlag in- und ausländische Druckereien und Bindereien, um diese enormen Nachlieferungen für den Buchhandel zu gewährleisten.

Die zum Verlag gehörende *Vossische Zeitung* sollte in einem **Vorabdruck eine leicht gekürzte Fassung des Romans als Fortsetzungsgeschichte** bringen. Dabei wurden insbesondere die Landservokabeln und einige harte Kampfschilderungen herausgenommen. Zwei Tage vor Beginn des Abdrucks am 10. November 1928 stimmte ein Artikel an zentraler Position die Leser ein. Dabei ging es nicht nur um das Wecken von Leseinteresse, vielmehr sollte **gezielt eine bestimmte Lesart befördert** und einer zu starken Politisierung vorgebeugt werden. Die Veröffentlichung fiel in eine Phase, in der von den nationalkonservativen Parteien eine neue Aufrüstung gefordert und grundsätzlich jede Kritik am Heldentum der Frontkämpfer zurückgewiesen wurde. Diesen konservativen Teil der Leserschaft wollte man ebenfalls gewinnen:

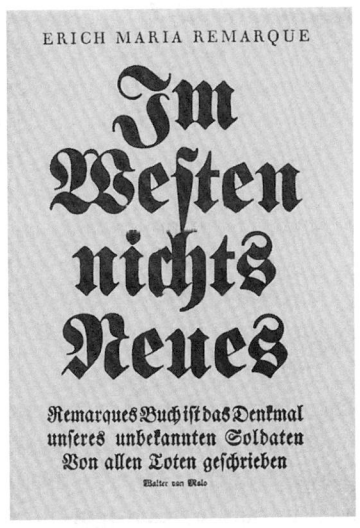

ERICH MARIA REMARQUE

**Im Westen nichts Neues**

Remarques Buch ist das Denkmal unseres unbekannten Soldaten
Von allen Toten geschrieben
Walter von Molo

> *Einer aus der grauen Masse, einer von den Hunderttausenden, die als halbe Kinder dem Ruf zu den Fahnen freiwillig folgten, begeistert, ahnungslos fortgerissen durch die Ermahnungen patriotischer Lehrer und als Beispiel der Kameraden, ein Soldat, der bis zum letzten Tag seine Pflicht tat und, zurückgekehrt, untertauchte im Gleichmaß bürgerlicher Arbeit, ein geordneter,*

> *schlichter, schwerblütiger, schweigsamer Mensch, muß für alle*
> *sprechen, muß das Gespenst der Vergangenheit stellen, am*
> *Kreuzweg um Mitternacht, muß es packen und halten und noch*
> *einmal mit Lebensblut erfüllen – damit es Zeugnis ablege und*
> *ihnen allen die Ruhe bringe, allen, die für immer schweigen,*
> *und allen, auf denen heute noch der Druck unklaren Erinnerns,*
> *geteilter Gefühle, zerrissener Empfindungen liegt. Erich Maria*
> *Remarque, kein Schriftsteller von Beruf, ein junger Mensch in*
> *den ersten Dreißigern, hat zugegriffen, hat plötzlich vor einigen*
> *Monaten den Drang und Zwang empfunden, das in Worte zu*
> *fassen, zu gestalten und innerlich zu überwinden, was ihm und*
> *seinen Schulkameraden, einer ganzen Klasse von jungen, le-*
> *benshungrigen Menschen, von denen keiner wiederkehrte,*
> *geschehen war. Was entstanden ist, läßt sich nicht in eine Lite-*
> *raturgattung einreihen. Es ist kein Kriegsroman, auch kein*
> *Tagebuch.*[10]

Diese **Darstellung entspricht nicht der Wirklichkeit** – dennoch hat Remarque dieses Marketingkonzept nicht torpediert
und sich auch später von diesen Aussagen nicht distanziert. Die
**ausbleibende Richtigstellung** von seiner Seite führte dazu,
dass die Aussagen lange als belegte Informationen zur Entstehung des Romans überliefert wurden.

Dabei sind die **Faktenangaben unkorrekt** und insgesamt
seltsam vage. Remarque gehörte nicht zu den Kriegsfreiwilligen
und war bei Kriegsausbruch erst 16 Jahre alt. Um dies zu verbergen, wurde dem Autor flugs ein anderes, wenn auch ungenaues
Alter verpasst.

Dass Remarque professionelle Schreibkompetenzen besaß,
wurde ebenfalls unterschlagen. Es sollte um jeden Preis der **Eindruck eines authentischen Textes** vermittelt werden. Die
**starke Emotionalisierung**, die sich in pathetischer Wortwahl
und ausdrucksstarker Bildlichkeit zeigt, fällt besonders ins Auge.
Die Ankündigung des Romans suggeriert den Lesern, der Autor

sei einer aus ihrer Mitte, der ohne künstlerische Überhöhung, ohne Gestaltungswillen ungefiltert das Erlebte darstelle. Nicht mit der literarischen Qualität des Textes, sondern mit der Aufrichtigkeit und Lauterkeit seines Charakters wird hier offenbar für den Autor und sein Werk geworben. Zu dieser **emphatischen Wahrheitsbeschwörung** steht die **tatsächliche Fronterfahrung des jungen Remarque** in einem gewissen **Spannungsverhältnis**: Ungefähr zwei Monate war er an der Front und nicht alles, was er in seinem Roman Gestalt werden lässt, hat er unmittelbar erlebt.

Der Roman ist auch nicht als spontane Niederschrift in ein paar Wochen entstanden, wie es die Ankündigung nahelegt. Zwar ist die Dauer der Arbeit Remarques an seinem Roman nicht genau rekonstruiert worden, eine groß angelegte Planung seines Schreibprozesses ist jedoch inzwischen belegt. Die erhaltenen Manuskripte mit umfangreichen Anmerkungen und Korrekturen zeigen zweifelsfrei, dass Remarque eine präzise Erzählstrategie festgelegt hat, einen konkreten Schreibplan verfolgte und seinen Text mehrfach umarbeitete.[11]

Das Thema beschäftigte ihn über eine lange Zeit mit unterschiedlicher Intensität. Die ersten Versuche, das Erlebte literarisch zu bearbeiten, unternahm Remarque bereits im Lazarett in Duisburg. Im Nachlass, den seine Witwe der „Fales Library" an der New York University überlassen hatte, ließen sich die wenigen Seiten auffinden. Er bat überdies in seiner Korrespondenz mit Kameraden in jenen Monaten des Lazarett-Aufenthaltes darum, ihm Erlebnisse und Vorkommnisse zu schildern, die der Erwähnung wert seien. Schließlich bot das Lazarett selbst viele Gelegenheiten, Fronterlebnisse und die jeweiligen Wahrnehmungen und Bewertungen auszutauschen. Nach dem Krieg brach Remarque das Projekt jedoch ab und wandte sich anderen Themen zu – vielleicht war alles noch zu nah und die nötige Distanz für eine literarische Bearbeitung noch nicht erreicht.

Deshalb beschäftigte er sich in den Folgejahren zunächst mit anderen Vorhaben.

Später erst räumte er in einem Interview mit einer amerikanischen Zeitschrift öffentlich ein, dass der Roman nicht nur auf eigenem Erleben beruht: „It was really simply a collection of the best stories that I told and that my friends told as we sat over drinks and relived the war."[12]

Im **Frühjahr 1928 lag das abgeschlossene Manuskript vor**. Remarque hatte offenbar parallel zu seinen durchaus strapaziösen beruflichen Engagements daran gearbeitet. Er muss von der Qualität seines Romans überzeugt gewesen sein, denn er suchte primär den Kontakt zum Verlagshaus S. Fischer, der damaligen ersten Adresse für literarische Arbeiten in Deutschland. Die Ablehnung enttäuschte ihn und er unternahm weitere Versuche, bis es im Spätherbst des Jahres zur Vereinbarung mit dem Ullstein Verlag kam. Mit der Veröffentlichung in dessen Programm begann eine beispiellose Erfolgsgeschichte, die bis in die Gegenwart reicht.

# Inhaltsangabe

## 1 Inhaltsangabe im Überblick

Im Zentrum des Romans stehen die **Kriegserlebnisse eines jungen Soldaten, des 19-jährigen Paul Bäumer,** der mit seinen Mitschülern von der Schulbank weg in den Ersten Weltkrieg gezogen ist. Nach einer schnellen und harten Grundausbildung werden die Rekruten an die Westfront beordert. Der Ich-Erzähler schildert plastisch die gegnerischen Angriffe mit Artilleriebeschuss und Gasgranaten an der Front, aber auch die stillen Stunden im Hinterland der Kampflinie. Ohne Beschönigung zeigt er die Angst, **das Leiden und Sterben der Männer** und ihre **Sehnsucht nach dem Leben.** Er erinnert sich zurück an seine Schulzeit und vor allem an seinen Gymnasiallehrer Kantorek, der mit seinen patriotischen und pathetischen Reden und Botschaften die jungen Männer für den Krieg begeistert hat. Der schikanöse Ausbilder, Unteroffizier Himmelstoß, macht ihm und den anderen deutlich, dass beim Militär und im Krieg **lediglich Befehl und Gehorsam bestimmend** sind und der Einzelne sich ein- und unterzuordnen, eigenes Denken und Wollen zu unterlassen hat, **humanistische Werte keine Bedeutung** haben.

Der junge Rekrut Bäumer und seine Schulkameraden Kropp, Müller und Leer orientieren sich an den älteren Soldaten der Kompanie und freunden sich mit diesen an. Vor allem der erfahrene Stanislaus Katczinsky weiht sie in die Gefahren des Frontkrieges und in Überlebenstricks ein; es entwickelt sich ein Vater-Sohn-Verhältnis zwischen ihm und Paul Bäumer. Die Gruppe, sechs junge Rekruten und zwei bereits im Leben stehende ältere Soldaten, verbindet eine **tiefe Kameradschaft.**

Die Erlebnisse der dauerhaften Angriffe an der Westfront, des täglichen Sterbens und die Anblicke der zerfetzten Körper lassen Paul Bäumer und seine Kameraden immer mehr abstumpfen. Ihre früheren Ideale, ihr Glaube an die Bedeutung von Wissen und Bildung und die fraglose Anerkennung der Botschaften, die Eltern und Lehrer ihnen mit auf den Weg gegeben haben, gehen ihnen verloren. Paul erkennt, dass sie verroht sind, dass sie als vom Tod Gejagte zu Kampfmaschinen, zu „gefährlichen Tieren" geworden sind. Ihm wird aber auch bewusst, dass nur so ein Überleben an der Front möglich ist, wo **animalische Instinkte mehr zählen als Intelligenz und Bildung**.

Während eines Heimaturlaubs empfindet er sehr stark die Distanz, die er durch seine Kriegserlebnisse zu dem Leben und Denken seiner Kindheit und Jugend aufgebaut hat. Er findet sich nicht mehr zurecht in seinen alten Büchern und mit den Menschen, die die Wirklichkeit des Krieges nicht kennen und wahrhaben wollen.

Enttäuscht und verbittert kehrt er zu seiner Kompanie zurück. Albert Kropp und er werden bei einem Angriff verwundet und verbringen ein paar Wochen im Lazarett. Während Albert, der ein Bein verloren hat, als Kriegsversehrter nach Hause geschickt wird, erholt sich Paul Bäumer und muss nach einem kurzen Besuch in der Heimat zurück an die Front.

In den kommenden Wochen und Monaten wird seine Kompanie durch **andauernde Gas- und Granatenangriffe** zermürbt und in Nahkämpfen Mann gegen Mann stark geschwächt. Detering, der einen Bauernhof und eine Familie zu Hause hat, hält dem Druck nicht mehr stand und desertiert von der Truppe, wird aber gefasst und vor ein Kriegsgericht gestellt. Müller und Leer fallen, schließlich auch Kat. Sein Tod erschüttert Paul Bäumer zutiefst.

Er selbst fällt in den letzten Tagen des Krieges im Oktober 1918. Der Heeresbericht vermerkt an diesem Tage nur, „im Westen sei nichts Neues zu melden" (S. 259).

## 2 Inhaltsangabe nach Kapiteln

### Kapitel 1

Der Roman beginnt mit der **Schilderung eines Nachmittags nach einem verlustreichen Fronteinsatz** in der relativen Ruhe der Etappe, dem Gebiet hinter der Front. Die Kompanie des jungen Bäumer ist während der Kämpfe auf die Hälfte geschrumpft. Diesem Umstand ist es zu verdanken, dass die Männer Essen und Verpflegung in üppigen Portionen erhalten und sich eine kleine Gruppe auf der Wiese, dem „stillen Örtchen", für ein paar Stunden erholen kann. Zu der Gruppe gehören neben Paul Bäumer seine ehemaligen Mitschüler Albert Kropp, Müller V und Leer sowie die Kameraden, die schon im Beruf stehen oder Familie haben: der Schlosser Tjaden, der Torfstecher Haie Westhus, der Bauer Detering und der Schuster Stanislaus Katczinsky (genannt Kat), der eine besondere Begabung dafür hat, Essen und andere nützliche Dinge zu organisieren.

Eine Filmszene aus *Im Westen nichts Neues* (1979) zeigt das Anstehen der Soldaten für Furage an der Gulaschkanone.

Kropp richtet Grüße ihres Lehrers Kantorek aus, der die Klasse dazu gebracht hat, sich geschlossen zum Kriegsdienst zu melden. Dies ist ein Anlass für Bäumer, über die **Rolle der Erzieher** und den **Widerspruch zwischen Pathos und Realität** nachzudenken. Informationen werden ausgetauscht: der zögerliche Klassenkamerad Josef Behm ist gefallen, ein anderer, Franz Kemmerich, den sie wenig später im Feldlazarett besuchen, ist schwer verwundet. Nach einer Beinamputation liegt er offenbar im Sterben. Müller spekuliert auf die Stiefel des Sterbenden und zeigt damit eine sehr pragmatische Einstellung zur Situation.

## Kapitel 2

Der Ich-Erzähler erinnert sich an die Ideale und den Optimismus, die das Denken und Empfinden der Gruppe in der Schulzeit noch geprägt haben, und kontrastiert diese mit den erlebten Schikanen und dem Drill in der Ausbildungskaserne, die jede Individualität ausmerzen. Insbesondere ein Unteroffizier namens Himmelstoß hat ihnen nachdrücklich verdeutlicht, dass beim Militär **Befehl und Gehorsam**, nicht eigenes Denken und Bildung gefordert sind. Doch auch die **Kameradschaft** ist in der Kaserne entstanden und an der Front gewachsen.

Die letzten Stunden des sterbenden Kemmerich erlebt Bäumer an dessen Bett, wo er den sichtbaren körperlichen Verfall und den verzweifelten Abschied des Kameraden von seinem fast noch ungelebten Leben fassungslos beobachtet. Hilflos versucht er, ihn aufzumuntern, während die Pfleger nur darauf warten, das Bett für die nächsten Verwundeten verwenden zu können. Auf dem Rückweg zu den Baracken nimmt Bäumer die Natur mit allen Sinnen überdeutlich wahr und spürt trotz oder infolge des Todeserlebnisses einen starken Hunger nach Leben.

## Kapitel 3

In diesem Kapitel beschreibt der Erzähler beispielhaft die besonderen Fähigkeiten Katczinskys, die das **Überleben an der Front** wahrscheinlicher machen. Die Kompanie verändert ihren Standort und bezieht ein verlassenes Dorf. Der Gruppe um Bäumer wird ein ehemaliges Fabrikgebäude zugewiesen, wo es an Schlafsachen und Essen fehlt. Doch Kat gelingt es, Stroh, Brot und Fleisch zu besorgen und eine vergleichsweise erträgliche Situation zu schaffen. Gesättigt sitzen sie beieinander und betrachten in einer Rückschau die Ausbildungszeit in der Kaserne, reflektieren über die Gründe, die im alltäglichen Leben zivil handelnde Menschen zu sadistischen, autoritären Ausbildern machen. In dieser Situation erscheint Tjaden mit der Nachricht, dass ihr verhasster Ausbilder Himmelstoß, der besonders den Bettnässer Tjaden gequält und gedemütigt hat, an die Front versetzt wurde und bald im Lager ankommen wird. Bäumer erinnert sich an die Abreibung, die er und seine Kameraden Himmelstoß an ihrem letzten Abend im Ausbildungslager verpasst haben. Sie haben ihm aufgelauert und ihn im Schutz der Dunkelheit zusammengeschlagen.

## Kapitel 4

Die Kompanie wird zu **Schanzarbeiten** befehligt, das meint die Errichtung oder die Reparatur von mit Stacheldraht umwickelten Aufbauten vor den vorderen Schützengräben. Bei diesen Arbeiten sind die Soldaten feindlichen Kugeln und Granaten ohne Schutz ausgeliefert. Die emotionale Angespanntheit aller Beteiligten wird deutlich, der Stress der Situation, das Bewusstsein der unmittelbaren Gefahr. Als der direkte Beschuss einsetzt, sucht einer die Nähe des anderen, ein junger Rekrut vergräbt seinen Kopf in Bäumers Armen und hat buchstäblich die Hosen voll. Die Schreie verletzter Pferde hallen durch die Luft, was Detering, der Bauer und Pferdehalter, kaum ertragen kann.

Der Trupp sucht den Weg zurück, geht dabei über einen alten Friedhof am Rande eines Wäldchens, als **verschärfter Artilleriebeschuss** einsetzt. Die Soldaten suchen Schutz in den von Granaten aufgerissenen Gräbern. Paul Bäumer beschreibt die Zerstörung des Waldes, der Wiesen und des Friedhofs, die von den Detonationen der Explosionsgeschosse ausgelöst wird, er schildert den ohrenbetäubenden Lärm und die existenzielle Bedrohung, die sich durch heranfliegende Gasgranaten besonders zuspitzt. Die kleine Gruppe kommt ohne ernsthafte Verletzungen davon, der junge Rekrut aber, der bei Bäumer Nähe und Schutz gesucht hat, liegt mit zerschmetterter Hüfte zwischen den aufgewühlten Gräbern und wird diese Verletzung nicht überleben. Seine Kameraden überlegen, ihn zu erschießen, um ihm das qualvolle Sterben zu ersparen, das Auftauchen anderer hält sie jedoch davon ab.

## Kapitel 5

Nachdem sie ins Lager zurückgekehrt sind, hält der Alltag mit der Bekämpfung der Läuseplage wieder Einzug. Im gemeinsamen Gespräch sondieren sie ihre **Vorstellungen für die Zeit nach dem Krieg**. Während diejenigen mit Beruf oder Familie eine Perspektive haben, sind die Gymnasiasten ohne Orientierung und voller Unsicherheit in der Frage, wie sie überhaupt einen Weg zurück ins normale Leben finden sollen.

Das Hinzutreten des Unteroffiziers Himmelstoß bietet ihnen die Gelegenheit, diesen ihre inzwischen erworbene Überlegenheit spüren zu lassen, denn sie sind nun kampferfahrene Soldaten, während Himmelstoß noch keinen Einsatz vorweisen kann. Sie machen ihrer Wut auf ihn Luft, riskieren dabei sogar disziplinarische Konsequenzen, die auch in Form eines kurzen Arrestaufenthaltes für Tjaden und Kropp verhängt werden.

Zum Abschluss des Tages stehlen Bäumer und Kat aus dem Regimentslager auf abenteuerliche Weise eine Gans, braten sie heimlich in der Nacht, untermalt von dunklem Artilleriefeuer und Maschinengewehrsalven. Die zwei Kriegskameraden erleben während dieser Aktion eine besondere Nähe.

## Kapitel 6

Ein neuer Angriff steht bevor. Trotz der angespannten Lage wird es nötig, eine Rattenplage zu bekämpfen, da die Tiere den mageren Brotvorrat angefressen haben. Die verbesserte Versorgung mit Käse und Schnaps deuten die Soldaten als Vorzeichen eines besonders schweren Kampfeinsatzes. Sie machen sich keine Illusionen und wissen um die Grausamkeiten, mit denen die feindlichen Soldaten sie überziehen werden und die sie auch selbst in ihrer Todesangst zu begehen bereit sind. Bäumer beschreibt im Zusammenhang der **Vorbereitung auf den kommenden Grabenkampf** die Tötungstechniken und die Qualität bestimmter Waffen technisch und kühl. Während des tagelangen, zermürbenden Wartens in den Gräben macht ein permanentes dumpfes Rollen deutlich, dass auf der gegnerischen Seite ohne Unterlass Material und Soldaten herangeschafft werden. Schließlich kommt die erste Angriffswelle mitten in der Nacht. Unter Artilleriebeschuss und explodierenden Minen harren die Soldaten aus, ducken sich tief in die Gräben, verlieren fast ihr Gehör. Die Stollengräben werden von Granaten zerfetzt, Paul und die anderen werden zugeschüttet, graben sich wieder frei. So geht es Tag und Nacht, sie sind übermüdet, ausgelaugt und hungrig, da bei diesem Beschuss keine Verpflegung gebracht werden kann. Einige halten es nicht aus, bekommen Panik und laufen aufs freie Feld, direkt vor die feindlichen Gewehre. Dann kommt der **Sturmangriff**, der Kampf Mann gegen Mann: Die feindlichen Soldaten versuchen, die zerstörten Gräben und die dezimierte Kompanie zu erobern. Paul Bäumer hat Augenkontakt mit einem französischen Soldaten und erkennt, dass er selbst abgerichtet wie ein „gefährliche[s] Tier" (S. 103) handelt. Die **Soldaten mutieren zu gnadenlosen Kampfmaschinen** und schließlich wird der Feind zurückgeschlagen.

Filmische Darstellung des Stellungskrieges, dem Paul Bäumer und seine Kameraden an der Westfront ausgeliefert sind (Verfilmung von 1979).

In einer ruhigen Phase überkommen Paul wehmütige Erinnerungen an seine Heimatstadt und an Landschaften seiner Kindheit, doch all das scheint ihm unwiederbringlich verloren zu sein.

Die Tage vergehen, Kampfhandlungen und Erholungsphasen wechseln sich ab. Die Soldaten erleben, dass viele verwundete Kameraden auf offenem Feld und unter Beschuss qualvoll sterben, da kein Sanitäter zu ihnen vordringen kann. In der Hitze der Sommertage weht ein Leichengeruch in die Gräben und Stellungen, dennoch geht es weiter, immer mehr junge, im Kampf unerprobte Rekruten füllen die gelichteten Reihen auf. In ihrer Unerfahrenheit sind sie schnell die ersten Opfer der nächsten Angriffswelle. Bäumer trifft im Graben auf Himmelstoß, der ängstlich und von einer Panikattacke übermannt eine Verwundung simuliert, und treibt ihn in den Kampf.

Am Ende der Kampfhandlungen wird Haie Westhus tödlich verwundet und von ehemals 150 Mann bleiben 32. Wenige hundert Meter sind als Ergebnis der wochenlangen Kämpfe auf französischer Seite gewonnen worden.

## Kapitel 7

Die Kompanie wird weiter ins Hinterland gezogen, und die kleine Gruppe arrangiert sich mit Himmelstoß, der ihnen als Küchenbullen-Vertreter Essen zuschanzt. In diesem Zusammenhang äußert der Ich-Erzähler seine Gedanken dazu, dass für den Soldaten nur noch die einfache Bedürfnisbefriedigung zählt, und er es sich nicht erlauben kann, über seine Fronterlebnisse nachzudenken, sondern sich mit oberflächlichen Witzeleien von diesen ablenken muss. Willkommene Abwechslung bringt ein heimliches, verbotenes Treffen mit jungen Französinnen, denen die Soldaten für ein paar Stunden der Zärtlichkeit Lebensmittel mitbringen.

Bäumer bekommt eine **Urlaubserlaubnis** für zwei Wochen. Tief bewegt erreicht er seine Heimatstadt und findet seine Mutter krank im Bett vor. Aus Rücksicht auf ihren Zustand verharmlost er die Kriegserlebnisse. Als er kurz nach seiner Ankunft, noch in Uniform, durch die Stadt geht, übersieht er einen Major und wird von diesem gemaßregelt, da er die vorgeschriebene Ehrenbezeugung, ein bestimmtes Grußritual, versäumt hat. Dadurch wird ihm bewusst, dass abseits der Front wieder andere Regeln gelten. Zu Hause legt er die Uniform ab, wodurch er sich frei und leicht fühlt. Die meisten **Menschen**, denen er begegnet, **pflegen einen deutschnationalen Dünkel**, gehen fest vom Sieg und von weitreichenden Gebietsabtretungen Frankreichs und Belgiens aus und möchten ihm sogar militärische Ratschläge geben. Pauls skeptische Anmerkungen werden zurückgewiesen, da die Daheimgebliebenen sich in ihrer Anschauung nicht erschüttern lassen wollen. Insgesamt muss Paul feststellen, dass die Zuhausegebliebenen keine Vorstellung davon haben, wie es an der Front zugeht, weshalb er sich in ihrer Mitte als Außenseiter fühlt und sich fast schon zur vertrauten Kameradschaft seiner Kompanie zurücksehnt.

Seine einst so **vertraute Welt ist ihm fremd geworden**, genauso wie sein Zimmer und die Bücher, die ihm einmal so viel bedeutet haben.

Er besucht seinen alten Schulkameraden Mittelstaedt, der für die Ausbildung des Landsturms zu-

Paul Bäumer beim Heimatbesuch mit Mutter und Schwester (Filmszene von 1930).

ständig ist, in der Kaserne und erfährt, dass ihr alter Lehrer Kantorek zu dessen Untergebenen gehört. Es ist jener Lehrer, der sie drangsaliert und sie mit seinen patriotischen Beschwörungen zur frühen freiwilligen Meldung zum Kriegsdienst gedrängt hat. Mittelstaedt, der besonders unter diesem Lehrer gelitten hat, nutzt seine neue Autoritätsposition, um dem verhassten Lehrer alles zurückzuzahlen und ihn der Lächerlichkeit preiszugeben. Während seiner freien Tage sucht Paul Bäumer die Mutter des verstorbenen Klassenkameraden Kemmerich auf. Um ihren Schmerz zu lindern, sagt er ihr jedoch nicht die Wahrheit über die Umstände seines Sterbens.

Der Abschied von zu Hause, vor allem von seiner Mutter, fällt ihm schwer. Beiden ist es nicht möglich, offen über ihre Ängste zu sprechen und Gefühle zu zeigen.

## Kapitel 8

Paul Bäumer ist für vier Wochen zu einer militärischen Übung in seine alte Kaserne abkommandiert worden, die inzwischen zu einem **Lager für russische Kriegsgefangene** umfunktioniert wurde. Sein Dienst lässt ihm Freiräume und er kann seinen Gedanken nachhängen. Er beobachtet insbesondere das Elend der Gefangenen, die hungern und verwahrlost und abgestumpft wirken. Viele sind erkrankt, die Anzahl der Sterbefälle ist hoch.

Er ist erschüttert und sieht das Gemeinsame aller unter dem Krieg leidender Menschen. Dabei wird ihm auch bewusst, dass auf Befehl Menschen zu Feinden werden, ohne dass diese einander je etwas getan hätten. Er nimmt sich vor, sich diese Gedanken für nach dem Krieg aufzuheben, da sie vielleicht eine Zukunftsperspektive darstellen könnten.

Kurz bevor Bäumer wieder an die Front muss, besuchen ihn sein Vater und seine Schwester, doch sie haben sich nur wenig zu sagen. Die beiden berichten, dass die Operation der krebskranken Mutter bevorsteht und es dem Vater nur schwer möglich ist, die Krankenhauskosten zu bezahlen. Außerdem geben sie Paul Proviant mit auf den Weg.

## Kapitel 9

Zurück an der Front sucht Paul Bäumer seine Einheit und findet seine Kameraden wieder. Bei ihnen fühlt er sich mehr zu Hause als bei seiner Familie.

In der Kompanie sind viele Appelle angesagt und alle bekommen neue oder bessere Kleidung. Bald wird der Grund offenbar: Der **Kaiser kommt und inspiziert die Truppe**. Paul und seine Kameraden sind enttäuscht vom Auftreten und der Ausstrahlung des Kaisers und diskutieren über das Zustandekommen und den Nutzen des Krieges. Im Gespräch wird ihnen klar, dass sie als einfache Leute dabei nichts mitzureden haben, sondern dass es Staaten bzw. deren Politiker sind, die die Entscheidungen treffen. Kämpfen müssen dann aber die Soldaten, oft ohne überhaupt zu wissen, warum. Mit dieser unbefriedigenden Erkenntnis brechen sie die Unterredung ab. Auch die gute Kleidung müssen sie nach dem Besuch des Kaisers wieder abgeben.

Kurz darauf wird die Truppe an die vordere Front verlegt und erblickt dort gleich bei der Ankunft zerfetzte Körper, Opfer der letzten Angriffe mit Minenwerfern. Paul **Bäumer meldet sich freiwillig zur Patrouille**, welche die feindlichen Stellungen auskundschaften soll. Dabei kriechen die Soldaten getrennt voran in Richtung der französischen Linie und Paul sucht **Deckung in einem Bombentrichter,** um sich vor den Maschinengewehrsalven zu schützen. Er ist ganz auf sich allein gestellt und im Bewusstsein der großen Gefahr, der er ausgesetzt ist, verdichtet sich seine Angst fast zu einer Panik. Dieser entkommt er nur, als er aus der Ferne die Stimmen seiner Kameraden hört. Er befindet sich noch vor den eigenen Gräben in einer Trichtergrube, als ein neuer Angriff kommt und die Nacht von Leuchtraketen erhellt wird. In dieser Situation fällt ein feindlicher Soldat in den gleichen Trichter und Paul greift ihn sofort und reflexartig mit dem Messer an. Er kann die Trichtergrube nicht verlassen, da dichter Beschuss auf dem Gelände herrscht, und so muss er ausharren und über lange Stunden **dem von ihm verletzten Soldaten beim Sterben zuschauen.** Schließlich nähert er sich ihm und versucht, ihm zu helfen. Ihn quälen **Schuldgefühle** und er nimmt die Papiere des Gefallenen an sich in der Absicht, dessen Angehörigen zu schreiben. Dabei findet er Bilder der Familie sowie Namen und Beruf des Franzosen. Ihm wird klar, dass es auf beiden Seiten Menschen mit einem Leben und Träumen und Wünschen sind, die aufeinander schießen, und er fasst den Entschluss, nach dem Krieg gegen das zu kämpfen, was Menschen wie Tiere aufeinander losgehen lässt. In der folgenden Nacht schafft er es, zu seinen Kameraden zurückzukriechen.

### Kapitel 10

Der Auftrag, ein verlassenes Dorf zu bewachen, in dem sich ein wichtiges Proviantlager befindet, wird der Gruppe zum Geschenk. Der Beschuss reicht zwar auch bis dorthin, doch nutzen sie die Gelegenheit, sich üppig zu bekochen und ausgiebig Kaffee, Zigarren und Cognac zu genießen. Diese paradiesischen Zustände dauern vierzehn Tage, dann folgt ein erneuter Fronteinsatz. **Albert und Paul werden dabei verwundet,** können sich jedoch in einen Unterstand retten.

Sie werden ins Feldlazarett gebracht, notdürftig verarztet und auch gemeinsam ins Hospital nach Köln geschafft. Dort finden sie sich unter vielen Schwerverletzten wieder, das Sterben grassiert. Sie sind in ihrer Lage den Ärzten ausgeliefert, die nicht immer verantwortungsvoll mit den verwundeten Soldaten umgehen. Paul kann nach der Operation an Krücken durch das Krankenhaus humpeln und sieht unvorstellbare Verletzungen und Verstümmelungen. Alberts Bein wird amputiert, worauf er mit einer Depression reagiert.

Die **Solidarität unter den Kameraden** geht so weit, dass sie einem der Verwundeten helfen, den Besuch seiner Frau zu einem Schäferstündchen zu nutzen. Albert erhält eine Prothese und wird nach Hause geschickt, Paul bekommt einen kurzen Heimaturlaub und anschließend den Befehl, wieder zu seiner Kompanie an die Front zurückzukehren.

## Kapitel 11

An der Front **reflektiert Paul Bäumer seine bisherigen Kriegserfahrungen** und stellt fest, dass das Leben aller Soldaten sich nur auf ein **einziges Ziel** konzentriert: **zu überleben**. Alles andere wird nebensächlich. Auf dieser Grundlage, dieser Gemeinsamkeit, entfaltet sich eine Kameradschaft, die zugleich einen Schutz darstellt und Überleben eher gelingen lässt.

Inzwischen ist der Sommer 1918 erreicht. Detering, der Bauer, hält es nicht mehr aus und desertiert, wird aber von den Feldgendarmen nach einigen Tagen gefasst und vor das Kriegsgericht gestellt. Andere erfasst der „Frontkoller" und sie drehen durch, unternehmen selbstmörderische Aktionen. Müller wird schwer verletzt und gibt die Stiefel, die er einst von Kemmerich erhalten hat, vor seinem Tod an Paul weiter. Leer wird verwundet und verblutet noch im Graben, der Kompanieführer Bertinck erhält einen tödlichen Schuss. Die Versorgung wird immer schlechter, die Soldaten sind ausgezehrt und krank, die Muni-tion geht aus, die feindlichen Reihen sind stärker und so fällt alles in Schwäche und Unvermögen zusammen. Als auch Kat am Bein angeschossen wird, schleppt Paul ihn zum Verbandsplatz. Während er mit letzter Kraft unter Beschuss zur Sanitätsstation läuft, trifft Kat ein Granatsplitter am Kopf, sodass nur noch sein Tod festgestellt werden kann. Dies versetzt Paul in einen solchen Schockzustand, dass ihm alle Sinne schwinden.

## Kapitel 12

Paul sitzt als letzter von sieben Jungen aus seiner Klasse hinter der Front und erholt sich von einer Gasschädigung seiner Lungen. Er wartet auf den Frieden und wird von starken Gefühlen erfasst. Er möchte ein Leben, eine Zukunft haben, doch er empfindet zugleich, dass er – wie seine Generation insgesamt – **ziellos, hoffnungslos, desillusioniert und verloren aus diesem Krieg zurückkehren** wird.

In einer Art **Nachtrag** erfährt der Leser, dass Paul Bäumer im Oktober 1918, in den letzten Tagen des Krieges, **gefallen** ist. Dieser Tag war so ruhig und still, dass der tägliche Heeresbericht nur mitteilt, es sei „im Westen [...] nichts Neues zu melden" (S. 259).

# Textanalyse und Interpretation

## 1 Figurenkonstellation und Charakteristiken

Bereits der erste Satz ist symptomatisch für den gesamten Roman: „Wir liegen neun Kilometer hinter der Front." (S. 7) Dem Leser wird gleich **mit dem allerersten Wort ein Kollektiv, eine Gruppe, präsentiert,** das sich im weiteren Geschehen ausdifferenziert. Das **erzählende „Ich" ist ein junger Soldat namens Paul Bäumer** (S. 9), der oft stellvertretend für die ganze Gruppe steht. Das „Wir" ist zu Beginn die gesamte Kompanie, die stark dezimiert von der Front kommt und in die „Etappe", das Gelände mit den Versorgungseinheiten direkt hinter der Frontlinie, verlegt worden ist. Später bezieht sich dieses „Wir" auf die kleinere Einheit derjenigen, die die Auseinandersetzung mit dem „Küchenbulle[n]" (S. 9) suchen, der den Männern nicht das geforderte Essen und die Zigaretten weitergeben will, die für die gesamte Kompanie bereitgestellt worden sind.

Im weiteren Verlauf der Handlung reduziert sich in einigen Passagen das „Wir" noch einmal weiter. Dann ist die kleine Gruppe der ehemaligen Gymnasiasten gemeint, die in eine Klasse gegangen sind und sich freiwillig für den Kriegsdienst gemeldet haben. Die jeweilige Personengruppe, die mit „wir" erfasst wird, definiert sich durch eine konkrete Aktion oder durch die Interessen, die ihr Handeln bestimmen.

die Kompanie
die acht Soldaten um Kat und Bäumer
die Gymnasiasten, die sich freiwillig gemeldet haben

Im Mittelpunkt steht eine kleine Gruppe von acht Figuren, die namentlich genannt werden und von denen der Leser sparsam dosiert einzelne persönliche Hintergründe und Eigenheiten erfährt. Jedoch bleibt die Gestaltung auch dieser **Figuren reduziert auf eine Typisierung**, lediglich der Ich-Erzähler, Paul Bäumer, erhält plastische Konturen. Eine differenzierende Zeichnung etwa durch unterschiedliche Sprachstile oder

Auch die Verfilmung von 1930 zeigt die Kameradschaft unter den Soldaten.

durch Auseinandersetzungen zwischen einzelnen Figuren ist kaum erkennbar. Die Gruppe handelt als Kollektiv und die Befindlichkeiten des Einzelnen wie der Gruppe insgesamt werden vom Rhythmus des Krieges bestimmt, dem sie ausgeliefert sind.

Die wenigen Wesenszüge der einzelnen Figuren erhalten einen hohen Wiedererkennungswert, da sie neben dem Namen durchgängig als Erkennungszeichen eingesetzt werden.

### Gruppe um Paul Bäumer

Die dominierende Gruppe der acht Soldaten lässt sich hinsichtlich ihres Alters und ihrer sozialen Verankerung deutlich unterscheiden in vier ehemalige Gymnasiasten und vier andere Soldaten, die bereits in Beruf und Leben Selbstständigkeit vorweisen können, verheiratet sind oder Verantwortung für Kinder tragen.

| ehemalige Gymnasiasten | Soldaten mit Beruf und/ oder Familie |
|---|---|
| **Paul Bäumer** ist 19 Jahre alt und hat sich gemeinsam mit seinen Klassenkameraden begeistert und freiwillig zum Kriegsdienst gemeldet. Er war als Jugendlicher ein idealistischer und literaturbegeisterter Schüler und hat durch Nachhilfestunden etwas Geld verdient, um sich die Literaturklassiker kaufen zu können. Er hat mindestens eine Schwester und liebt seine Mutter, die an Krebs erkrankt ist, sehr. Der Krieg mit seinen Grausamkeiten lässt ihn abstumpfen und den Glauben an seine Ideale verlieren. An der Front ist er ein genauer Beobachter und ein beständig alles reflektierender junger Soldat. | **Stanislaus Katczinsky (Kat)** ist von Beruf Schuster, hat eine Familie und ist 40 Jahre alt. Er ist schon länger Soldat und verfügt über große Erfahrung, lernt die jungen Rekruten an und entwickelt eine besondere Fürsorge Paul gegenüber. Er ist der Kopf der Gruppe und wird von allen in dieser Rolle anerkannt. Schließlich kommt es jedem zugute, dass er sehr gut Essen organisiert und die verschiedenen Granaten früh am Pfeifton erkennen kann. Er durchschaut die militärischen Strukturen (vgl. S. 43) und lehnt den Krieg ab, unter dem seiner Ansicht nach v. a. die kleinen Leute leiden müssen. Trotzdem nimmt er ihn aber schicksalsergeben hin und sorgt für den Erhalt der Moral in der Truppe. |
| **Albert Kropp** ist ein ernsthafter und klarer Denker (vgl. S. 8). Er macht sich keine Illusionen über die Zeit nach dem Krieg und glaubt, dass die Soldaten gebrochen aus den grausamen Erfahrungen hervorgehen werden (vgl. S. 80). Den Militarismus in der wilhelminischen Gesellschaft kritisiert er (vgl. S. 43). Nach einer Verwundung wird ihm ein Bein amputiert, was ihn depressiv werden lässt. | **Tjaden** ist gelernter Schlosser und ebenso alt wie die Gymnasiasten. Er hat mit ihnen die Grundausbildung gemeinsam durchlitten. Er wurde vom sadistischen Ausbilder Himmelstoß als Bettnässer gedemütigt und hasst ihn dafür. Körperlich eher schmächtig, ist er immer aufs Essen fixiert und vertilgt die größten Portionen. |
| **Leer** trägt einen Vollbart und interessiert sich für die „Mädchen aus den Offizierspuffs" (S. 8). Er spricht die Französinnen an, die am anderen Ufer spazieren gehen, und stellt den Kontakt zu ihnen her (vgl. S. 129 f.). | **Haie Westhus** ist im Alter der Gymnasiasten und von Beruf Torfstecher. Er ist groß, stark und hat ein einfaches Gemüt. Er möchte nach dem Krieg weiter Soldat sein, da er seine Arbeit wenig attraktiv findet (vgl. S. 73). |

| **Müller V** schleppt seine Bücher noch im Krieg mit sich herum. Sein größtes Ziel ist der Schulabschluss und er hofft darauf, bald sein Notabitur machen zu können. Sogar unter Beschuss büffelt er physikalische Lehrsätze (vgl. S. 8). Er hat eine pragmatische Lebenseinstellung und setzt alles daran, vom sterbenden Kemmerich die guten Stiefel zu erben, da er nur miserables Schuhwerk besitzt (vgl. S. 20 ff.). | **Detering** ist Bauer und mit seinen Gedanken unentwegt zu Hause bei seiner Frau und seinem Hof. Er ist ein geradliniger, stiller Mann, der sich oft abseits der Gruppe hält. Die Jahreszeitenwechsel in der Natur nimmt er sehr bewusst wahr und denkt dabei stets an die anstehenden landwirtschaftlichen Arbeiten zu Hause. Außerdem hat er ein großes Herz für Tiere, weshalb er das Sterben der Pferde im Krieg kaum erträgt. Als er im Frühsommer 1918 einen blühenden Kirschbaum sieht, wird er so von Heimweh übermannt, dass er desertiert. |
|---|---|

Der **Umgang untereinander ist trotz aller Bildungs- und Herkunftsunterschiede spannungsfrei.** Es finden keine internen Kämpfe um die Errichtung einer Hierarchie statt. Einzig **Katczinsky agiert in einer Sonderrolle,** was durch seine besonderen Fähigkeiten begründet ist. Er identifiziert alle Granaten schon am Fluggeräusch, kennt den Frontverlauf, ist erfahren an vielen Waffen und in zahlreichen Kampftechniken. Alle hören auf seinen Rat bzw. hoffen, dass er bei auftauchenden Problemen Lösungen findet. Aber diese Rolle maßt er sich nicht an und sucht sie auch nicht, sie fällt ihm aufgrund seiner Erfahrung und seiner Kompetenzen zu.

Die **Dynamik der Gruppe** ist nicht auf Individualisierung gerichtet, sondern – im Gegenteil – auf eine **Harmonisierung,** die mögliche Differenzen von vorneherein unterbindet. Die verschiedenen „Wir"-Einheiten haben eines gemeinsam: Sie handeln als Not-Gemeinschaften, die in fester Verbundenheit ums Überleben kämpfen. Kameradschaft ist die Grundlage des gemeinsamen Handelns, die jedem Einzelnen das Durchstehen dieser apokalyptischen Situation erleichtert.

Die acht Figuren der Gruppe um Bäumer und Kat treten in vielen Zusammenhängen als Handelnde auf, sprechen z. T. auch für die Kompanie, z. B. im Konflikt mit dem „Küchenbullen". Die übrigen Soldaten bleiben weitgehend gesichtslos, kommen nur flüchtig vor und werden häufig auch nicht namentlich eingeführt, sondern als „ein verängstigter Rekrut" (S. 57), „[j]emand" (S. 39) oder „[d]er Artillerist" (S. 40) bezeichnet. Dabei bewegen sich die zentralen Figuren, insbesondere in den Kampfhandlungen, innerhalb eines großen Verbandes. Dies lässt sie als **Sprachrohr der Gesamtheit aller Soldaten** erscheinen und der Leser wird ihre Haltungen und Anschauungen verallgemeinern. Unterstützt wird diese Wirkung durch Wendungen des Erzählers, in denen explizit der Gleichklang der Empfindungen ausgesprochen wird, wobei das jeweilig gemeinte „wir" stellenweise undeutlich bleibt. So heißt es beispielsweise beim Erreichen der Front: „Wir fühlen, daß in unserm Blut ein Kontakt angeknipst ist." (S. 51)

Ebenso wie die Mitglieder der handlungsbestimmenden Gruppe werden auch die zentralen Antagonisten typisierend dargestellt: der Lehrer Kantorek und der Unteroffizier Himmelstoß. Während Kantorek wesentlichen Anteil daran hat, dass die jungen Schüler freiwillig in den Krieg ziehen, führt der Schleifer und Ausbilder, Unteroffizier Himmelstoß, die jungen Rekruten in die Wirklichkeit des militärischen Lebens ein. Diese beiden Figuren stehen exemplarisch für das Unterdrückungssystem, dem die jungen Schüler und Rekruten ausgesetzt sind, und werden als Gegenfiguren zu den einfachen Soldaten gestaltet.

## Die Antagonisten Kantorek und Himmelstoß

Der Klassenlehrer **Kantorek** wird als „strenger, kleiner Mann in grauem Schoßrock" geschildert, ein „Spitzmausgesicht" (S. 15) rundet das Bild eines eher unauffälligen, wohl kaum natürliche Attraktivität ausstrahlenden Mannes ab. Er hält den Schülern im

Sportunterricht mit „ergriffener Stimme" und blitzenden Augen „so lange Vorträge" (S. 15 f.) über die Ehre und die Pflicht, das Vaterland zu verteidigen, bis diese sich „unter seiner Führung" (S. 16) als Freiwillige zum Kriegsdienst melden. Dass er seine **patriotischen Reden** in die Turnstunden verlegt, verweist auf **Vorstellungen der Ertüchtigung**, **Wehrhaftigkeit**, vielleicht auch „wahrhafter" Männlichkeit. Jedoch predigt Kantorek nur, ohne selbst von seinen Aufforderungen betroffen zu sein.

Später, als er wie viele andere aus den älteren Jahrgängen zum Landsturm eingezogen wird, versucht er, sich bei einem seiner ehemaligen Schüler, Mittelstaedt, anzubiedern, der nunmehr als Ausbilder und Unteroffizier Befehlsgewalt über ihn hat. Mittelstaedt hat als Schüler sehr unter seinem Lehrer leiden müssen und schikaniert nun seinerseits den seinen Launen ausgelieferten Kantorek. Wütend und mit äußerster Anstrengung muss dieser die Erniedrigung hinnehmen, da er in der militärischen Hierarchie mit Beschwerden nicht durchdringt (vgl. S. 156 ff.). Er bekommt nun also zumindest ansatzweise am eigenen Leib zu spüren, wie es seinen Schülern beim Militär (und in der Schule) ergangen ist.

**Himmelstoß** ist von Beruf Postbote und ebenso wie Kantorek ein „kleiner, untersetzter Kerl" (S. 26). Vor seiner zivilen Zeit war er bereits für 12 Jahre beim Militär und ist mit jeder Faser seines Herzens Soldat. Er gilt als der „schärfste Schinder des Kasernenhofes" (S. 26) – und darauf ist er mächtig stolz. Er trägt einen gezwirbelten Schnurrbart, was vielleicht seine Verehrung für Kaiser Wilhelm II. zeigt, der ebenfalls einen Zwirbelbart trägt. Als Ausbilder **handelt er schikanös und pedantisch**. So lässt er Paul Bäumer vierzehnmal ein Bett machen (vgl. S. 26), da er angeblich immer wieder kleine Fehler findet. Er demütigt diejenigen gnadenlos, die in seinen Augen eine Schwäche zeigen. Wenn er versteckten Widerstand wittert, erlegt er Sonderaufgaben auf, die bis an die Grenze des Erträglichen gehen (vgl. S. 27).

Sein Ziel ist es, die jungen Männer zu **absolutem Gehorsam** zu erziehen. Die Möglichkeit, in dieser Funktion **nahezu unbegrenzt Macht auszuüben**, scheint ihn sehr zu befriedigen.

Dieser sadistische Himmelstoß kommt eines Tages ebenfalls an die Front, nachdem er seine Methoden am Sohn eines hohen Beamten zu dessen Schaden angewandt hat. Seine ehemaligen Rekruten erleben, dass er in der Kampfsituation von den gleichen Ängsten geplagt wird wie sie und keineswegs über innere Stärke verfügt.

Die Haltungen und Verhaltensweisen der beiden Antagonisten werden in verschiedenen **Nebenfiguren** variiert, so z. B. in Gestalt des Majors, den Paul Bäumer während eines Spaziergangs durch seine Heimatstadt übersehen und deshalb nicht vorschriftsmäßig gegrüßt hat. Dieser Major erniedrigt und schikaniert ihn ebenso wie Himmelstoß, was er sich erlauben kann, weil Paul als Uniformträger jederzeit, auch im zivilen und privaten Raum, der soldatischen Hierarchie und dem militärischen Reglement unterworfen ist. Eine Figur wie der **Lehrer Kantorek** bereitet in der Erziehung der Jugend den Boden dafür, er steht für die Anerkennung des **Vorrangs alles Militärischen, die Anbetung der Uniform und die Missachtung menschlicher Werte**.

Die insgesamt festzustellende **Typisierung der Figuren**, die lediglich in der Gestaltung des Erzählers Paul Bäumer durchbrochen wird, eröffnet überdies den Raum für die Darstellung des alltäglichen Alptraums und der Schrecken des Krieges. So ist der **Krieg die eigentliche Hauptfigur:** die Angriffe, die Kampfhandlungen, das Warten und Hungern, die Anspannung und Gemütsverfassung der Soldaten, dies alles steht im Vordergrund. Deshalb bleibt die Zeichnung der handelnden Figuren auf wenige Merkmale begrenzt, ohne die Aufmerksamkeit des Lesers über Gebühr zu fesseln und vom Kriegsgeschehen allzu sehr abzulenken. Das Vorhandensein konkreter Menschen mit ihren Ängsten und Hoffnungen erhöht jedoch die Identifikation des Lesers, der dadurch die Schrecken des Krieges unmittelbar nachvollziehen kann.

Gegenüberstellung von Protagonisten und Antagonisten

## 2  Aufbau und Erzählstrukturen

Das Werk trägt die Bezeichnung „**Roman" im Untertitel**, doch in der knappen Vorrede spricht Remarque von seiner Absicht, „**über eine Generation zu berichten**, die vom Kriege zerstört wurde – auch wenn sie seinen Granaten entkam" (S. 5).

Nimmt man diese Aussage wörtlich, dann besteht ein Widerspruch, denn ein *Bericht* ist der Darstellung von Realität zugeordnet, während ein *Roman* sich als fiktionaler Text von der Wirklichkeit löst und aus der Fantasie des Autors geboren wird. Bezieht man die Umstände der Zeit und der Entstehung ein, so wird deutlich, dass Remarque sich mit dieser Vorrede einerseits mit der Abgrenzung von „Bekenntnis" und „Anklage" **aus einer vordergründigen politischen Zuordnung zu befreien suchte**, andererseits aber den Anspruch wahren wollte, Allgemeingültiges über das Erleben einer ganzen Generation von jungen Soldaten aus eigener Erfahrung mitzuteilen, also zu berichten. Die Vorankündigung des Verlages geht in die gleiche Richtung: Dieser führt aus, dass das Werk **keiner gängigen Literaturgattung zugeordnet** werden könne. Weder sei es ein Kriegsroman, noch ein Tagebuch. Vielmehr werde „**erlebtes Leben**" dem Leser vor Augen gestellt, „ohne Kunstgriffe, ohne Verzerrung und Verzeichnung" werde das Erfahrene „in eine Sphäre der Allgemeingültigkeit"[13] gehoben. Ob dieses Werk so ganz ohne „Kunstgriffe", d. h. ohne literarische Gestaltung, auskommt, soll im Folgenden genauer betrachtet werden.

## Aufbau

Remarque hat 1966 in einem „Interview mit sich selbst" hinsichtlich einiger erzähltechnischer Überlegungen ausgeführt:

> *Alle meine Bücher sind wie Stücke geschrieben. Szene folgt auf Szene [...]. Ich habe oft versucht, mir die Arbeit durch die üblichen Übergänge, Beschreibungen und Betrachtungen zu erleichtern – aber zum Schluss musste ich sie immer wieder streichen. Die Handlungen und die Charaktere hatten sich selbst darzustellen.*[14]

Tatsächlich ähnelt der Roman in seinem **episodenhaften Aufbau** eher einem szenischen Text, vielfach wird der Leser auch an die Technik des Films erinnert, in der die **Aneinanderreihung von Einzelszenen** üblich ist und der deutende Blick, der das Ganze zu einer sinnvollen Aussage verknüpft, dem Zuschauer vorbehalten bleibt.

Eine im engeren Sinne kohärente Handlung lässt sich nicht benennen, die einzelnen Szenen scheinen zufällig ausgewählt zu sein und müssten nicht zwingend in der vorliegenden Folge präsentiert werden. Für den Leser verstärkt diese Struktur einmal mehr den Eindruck, dass hier ein Autor spontan und nach seiner Erinnerung die Dinge aufschreibt, wie sie sich ihm aufdrängen.

Struktur des 1. Kapitels: zentrale Themen Leben und Sterben

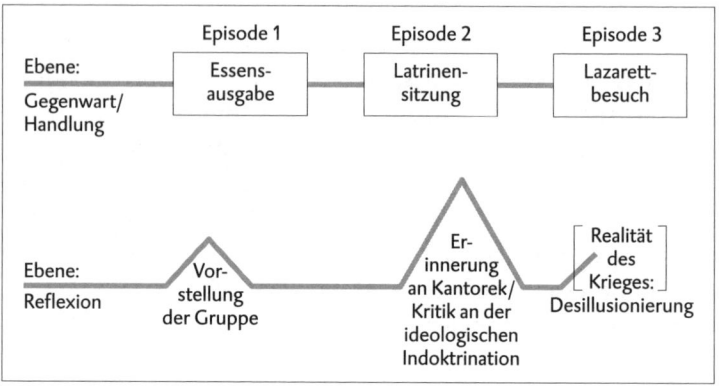

In den einzelnen Episoden werden sozusagen „**Alltagssituationen**" **des Krieges** gestaltet: Essensausgabe, Patrouille, Besuch im Feldlazarett, Schanzarbeiten an der Frontlinie, ruhige Nachmittage, aber auch Gasangriff, Trommelfeuer und Kampfeinsatz. Die Episoden stehen für sich, werden häufig mit knappen, unpräzise bleibenden Einleitungen zu Ort und Zeit oder den Umständen versehen („Wir müssen nach vorn zum Schanzen", S. 49; „Wir fahren einige Tage", S. 177; „Wir haben einen guten Posten erwischt", S. 205). Man kann zwischen „**Großszenen**" **und kleineren Begebenheiten** unterscheiden. Die kleinen Skizzen werden sparsam gesetzt, runden jedoch das in den „Großszenen" geschilderte Frontleben passend ab. So zeigt die abwehrende Reaktion Bäumers der Rot-Kreuz-Schwester gegenüber, die ihn am Heimatbahnhof als „Kamerad" anspricht, oder die Freude der Soldaten über neue Bekleidung im Vorfeld des Kaiserbesuchs sehr nuancenreich und detailliert die Empfindungen der Einzelnen. Diese kleineren Begebenheiten passen sich jedoch mühelos den „Großszenen", die zentrale Aspekte des Frontalltags aufgreifen, an. In der Summe entsteht aus den vielen Mosaiksteinen ein **facettenreiches**, **atmosphärisch dich-**

tes **Bild des Kriegsalltags**, das den ehemaligen Frontsoldaten unter den Lesern in hohem Maße vertraut gewesen sein muss.

Die **zwölf Kapitel** sind jeweils **in verschiedene Episoden unterteilt**, die häufig unterschiedliche Akzente setzen, andere Orte und verschiedene Handlungen beschreiben. Eine genauere Betrachtung zeigt jedoch, dass durchaus ein Muster in der Abfolge der Episoden zu beobachten ist. Die **Strukturprinzipien Kontrast und Variation** beherrschen die Anordnung der vielen Episoden. So wird in den ersten Kapiteln das Leben der Soldaten in der relativen Ruhe der Etappe gestaltet, die ihren Höhepunkt in der „Latrinenszene" findet. In diese vergleichsweise idyllische Situation ragen Kampf und Tod aber hinein: Die Kompanie kommt von einem 14-tägigen Kampf dezimiert und abgekämpft zurück und das Leiden und Sterben des Kameraden Kemmerich im Feldlazarett wird vorgeführt. Mit dem 4. Kapitel sind Kampf, Zerstörung und Tod dann unmittelbar präsent und exemplarisch wird die destruktive Kraft, der die Soldaten ausgesetzt sind, im Sterben der Pferde veranschaulicht. Zurück im Feldlager kehrt etwas Ruhe ein und die Soldaten widmen sich einem so profanen Thema wie der Bekämpfung von Läusen, sie können den Abend sogar mit einem köstlichen Gänsebratenessen beschließen. Das Folgekapitel führt wieder an die Front und eine dreitägige intensive Kampfphase wird dicht und bedrängend geschildert. Einen gewissen Kontrast stellt in diesem Kapitel die ausgedehnte reflektierende Rückblende Pauls während der nächtlichen Wache dar. Teilweise finden sich auch **Verknüpfungen von einzelnen Motiven**. Die Essensausgabe setzt den Anfang im ersten Kapitel und mit dem Gänsebraten schließt das 5. Kapitel, bevor eine Steigerung in der Darstellung mit den ausgedehnten Szenen des Grabenkampfes folgt.

Eine **Zäsur** stellt der Heimaturlaub des Ich-Erzählers (Kapitel 7 und 8) dar, der in der Begegnung mit der Vergangenheit seine Entfremdung von allem, was ihm lieb und teuer war, schmerzlich empfindet. Der neue Handlungsbogen nach seiner Rückkehr zur Truppe, die ihm nunmehr die eigentliche Heimat geworden ist („Hier gehöre ich hin", S. 178), endet mit seinem Tod, nachdem alle anderen aus der Gruppe um Bäumer und Kat schon gefallen oder verwundet entlassen worden sind.

Der Krieg als eine ständige Wellenbewegung von Ruhephasen und Kampfangriffen (Filmszenen von 1979).

Die **Wellenbewegung in der Schilderung von Ruhe- und Kampfhandlungen** hinterlässt beim Leser das Gefühl eines immer gleichen, abstumpfenden Prozesses, einer Kreisbewegung zwischen Kampf und notwendiger Erholung, um wieder einsatzfähig zu sein. In dieser – vermutlich ja bewusst gesetzten – Kontrastierung von Zuständen wird zugleich ein **Grundthema des Romans**, die Desillusionierung und die **Zerstörung einer ganzen Generation**, variiert. Ob nun in Ruhepausen oder im Frontgraben, in der Etappe oder der Heimat und von welchen Stimuli auch immer ausgelöst – immerzu läuft der Prozess der Selbstvergewisserung des Protagonisten, der handelnd und reflektierend zugleich verstehen will, was mit ihm und den anderen geschieht.

## Erzählperspektive

Der Roman ist in der **Ich-Form** geschrieben und macht damit einen subjektiven Zugang im Erzählen deutlich. Dabei nimmt der **Ich-Erzähler keine distanziert-beobachtende Haltung** ein, sondern er vermittelt sein **subjektives Erleben der Geschehnisse**, bei dem die persönliche Wahrnehmung des kriegerischen Alltags im Mittelpunkt steht. Die Unmittelbarkeit des Erzählens wird unterstrichen durch Temporaladverbien („heute", S. 12; „[g]estern", S. 7; „morgen", S. 22; „[m]ittags", S. 98) und den Gebrauch des Präsens. Der Fokus liegt auf der Handlung, beschreibend und schildernd, gelegentlich unterbrochen durch kurze szenisch-dialogische Passagen. Die hinzutretenden Figuren werden nicht näher oder sehr sparsam charakterisiert, sodass der handlungsorientierte Erzählfluss nicht durchbrochen wird.

Immer wieder werden **Rückblenden** eingebaut, in denen der **Erzähler als sich erinnerndes Ich** selektiv und kommentierend Erfahrungen, Erlebnisse und Geschehnisse aus der Vergangenheit im Präteritum darstellt. In Form der Rückblende tauchen Erlebnisse der Kindheit, Jugend und Schulzeit, aber auch der harten Ausbildungszeit in der Kaserne auf, die zum Vergleich mit der Realität des Krieges auffordern. Diese Kontrastierung des „Damals" mit dem „Jetzt" wird nur an wenigen Stellen unterbrochen, wenn zurückliegende Fronterlebnisse punktuell ebenfalls im Präteritum geschildert werden (vgl. S. 71).

Die Handhabung der **Erzählperspektive** wirkt insgesamt **überlegt und komponiert**. Gegen die These, dass der Text ohne erzählerische „Kunstgriffe" gestaltet und direkt aus dem Herzen in die Feder geflossen sei, spricht ebenfalls, dass der Ich-Erzähler insbesondere in die ersten Kapitel Kurzcharakteristiken seiner Kameraden und seines Lehrers Kantorek oder des Unteroffiziers Himmelstoß integriert. Diese Informationen dienen allein der Orientierung des Lesers und sind ein probates erzähltechnisches Mittel, um die Erzählhandlung stimmig zu gestalten. Der Ich-Erzähler verfügt gelegentlich auch über Wissen, das er bewusst zurückhält, um eine Passage lebendig und spannend zu gestalten. So lässt er den beinamputierten Kemmerich über Schmerzen im verlorenen Fuß klagen und gibt erst anschließend preis, dass der Sanitäter sie vorab über die Amputation informiert hat (vgl. S. 18 f.). Im **Verhältnis von erlebendem und erinnerndem Ich dominiert die Instanz des erlebenden Ichs**, das im weiteren Verlauf der Handlung zunehmend auch zeitraffende Techniken anwendet (vgl. S. 177 ff. und S. 239).

Die Inszenierung des Staatsschauspiels Hannover (2014) bringt den Zuschauern durch ihre Unmittelbarkeit das Grauen nahe, das auch der Roman beschreibt.

Die Ich-Perspektive wird erst am Ende, im letzten Absatz, aufgegeben (vgl. S. 259). Hier wird von einem anonym bleibenden Herausgeber oder einem auktorialen Erzähler im Imperfekt mit genauer Zeitangabe („Oktober 1918") der Tod des Protagonisten Paul Bäumer bekannt gegeben. Der Bezug zum amtlichen Heeresbericht und die präzisen Angaben zu den Umständen, unter denen der Gefallene aufgefunden worden sein soll, unterstreichen einmal mehr die **suggerierte Authentizität des Romans** insgesamt. Durch den Wechsel der Erzählperspektive genau an dieser Stelle wird überdies eine **starke Betroffenheit beim Leser** erreicht, die auch nach Beendigung des Romans noch nachwirkt. Dies liegt daran, dass der Nachtrag sich in einem so starken Kontrast zu den vorherigen Erzählungen darstellt und den Leser in bedrückender Stille zurücklässt. Außerdem steht die abschließende Aussage, die dem Roman gleichzeitig seinen Titel gibt, in einem Widerspruch zu den Empfindungen des Lesers, für den der Tod Paul Bäumers geradezu ein Schock ist. Die knappe Meldung des Heeresberichts veranschaulicht erneut, dass der Tod des Einzelnen im Krieg vollkommen bedeutungslos und alltäglich ist.

## Raum- und Zeitstruktur

Das Aufbauprinzip der episodischen Reihung verdeckt die Zeitstrukturen, die eine traditionelle Erzählweise ausmachen. Die **Handlung in ihrer Kreisbewegung** schreitet nur insofern voran, als das sich die Zerstörung der am Krieg beteiligten Menschen und der Natur intensiviert. Insofern kann man nur begrenzt von einer Entwicklung sprechen, die der Protagonist und seine Kameraden durchlaufen. Sie fühlen sich, sobald sie die Front erleben, als Menschen ohne Zukunft („[W]ir sind tot […]. Wir sind verlassen wie Kinder und erfahren wie alte Leute […], wir sind verloren.", S. 110 f.). Die **ungenaue Zeitstruktur** und die geringe Entwicklung verstärken das **Gefühl der Zeitlosigkeit**, das die Soldaten an der Front erfasst. Es werden zwar immer wieder zeitliche Verweise gegeben, sie beziehen sich jedoch weniger auf historische Zusammenhänge als auf Jahreszeiten. So wie die Natur erblüht und vergeht und sich in einem ewigen Kreislauf bewegt, so geht der Krieg unermüdlich voran: „Wir zählen die Wochen nicht mehr. Es war Winter, als ich ankam […]. Jetzt sind die Bäume wieder grün." (S. 239)

Eine **Anbindung an den historischen Verlauf des Krieges an der Westfront findet sich nur in Ansätzen.** Hinweise auf bestimmte Schlachten und Ereignisse werden nicht gegeben. Die Kriegsgeschehnisse in Russland werden nur am Rande erwähnt, in ihrer Bedeutung für die Entwicklung des kriegerischen Geschehens an der Westfront nicht reflektiert und von Paul Bäumer mit einem zerstreuten Kommentar versehen, der ohne Erläuterung bleibt: „Nach Rußland. Da ist ja kein Krieg mehr."

(S. 178) Lediglich in der Schlussphase, in der die Soldaten stumpf und phlegmatisch ihren Dienst ausfüllen, im Wissen darum, dass der Krieg verloren ist, wird die Handlung zeitlich konkret zugeordnet:

> *Die Monate rücken weiter. Dieser Sommer 1918 ist der blutigste und der schwerste. Die Tage stehen wie Engel in Gold und Blau unfaßbar über dem Ring der Vernichtung. Jeder hier weiß, daß wir den Krieg verlieren. Es wird nicht viel darüber gesprochen [...] – Das Sterben geht weiter [...]. Warum? Warum macht man kein Ende?* (S. 250 f.)

Dass an dieser Stelle ein konkretes Datum genannt wird, führt auch dazu, dass der Leser mitfiebern und -fühlen kann, wie die Soldaten sehnsüchtig auf Frieden warten, und hoffen, dass ihnen in den letzten Wochen nichts mehr zustoßen möge. Diese Wirkung wird erzielt, weil durch die Angabe „Sommer 1918" jedem Leser bewusst ist, dass der Krieg bald vorbei sein wird. Am Ende des genannten Sommers, im Oktober 1918, noch kurz vor dem Waffenstillstand, fällt dann Paul Bäumer.

Unpräzise bleiben im Roman ebenso die Raumangaben. Remarque situiert das Kriegsgeschehen nur ungefähr. Paul Bäumer nimmt immer wieder Landschaften wahr, beschreibt blühende Kirschbäume und aufsteigenden Nebel; die Soldaten liegen tage- und nächtelang in Gräben und merken an der kühlen Luft, dass sie irgendwo „nahe am Meere" (S. 56) sein müssen. Doch diese Beobachtungen sind unspezifisch und enthalten keine Verweise auf konkrete geografische Gegebenheiten. Während seines Heimaturlaubs beantwortet Bäumer die Frage nach seinem Einsatzort ebenfalls ungenau: „Zwischen Langemarck und Bixschoote" (S. 146), Orte im belgischen Flandern. Die **Ungenauigkeit der Ortsangaben** unterstreicht, wie wenig Kontrolle die Soldaten über ihr Schicksal haben, da sie in keiner Weise mitentscheiden können, wo man sie hinschickt. Zudem wird so das herrschende Gefühl der Orientierungslosigkeit verstärkt. Nur der Lazarettzug, mit dem Paul Bäumer und Albert Kropp verwundet zur Behandlung ins Krankenhaus gebracht werden, fährt an einen identifizierbaren Ort: nach Köln (vgl. S. 221).

Zusammenfassend lässt sich sagen, dass die gemeinhin strukturgebenden Elemente von Raum und Zeit in dem Roman *Im Westen nichts Neues* nur eine untergeordnete Rolle spielen. Ihr geringes Gewicht unterstreicht einmal mehr, dass **im Zentrum die subjektive Wahrnehmung der Kriegshandlungen** stehen soll. Diese Verengung der Perspektive des Ich-Erzählers und seiner Kameraden auf die Bewältigung ihres Frontalltags wird konsequent beibehalten. In Kombination mit dem **historischen Präsens** hebt dies die Aussagen ins Allgemeine, sodass viele Leser überall auf der Welt einen Bezug zu eigenen Erfahrungen herstellen und sich berühren lassen können.

## Die Kreisbewegung der Handlung

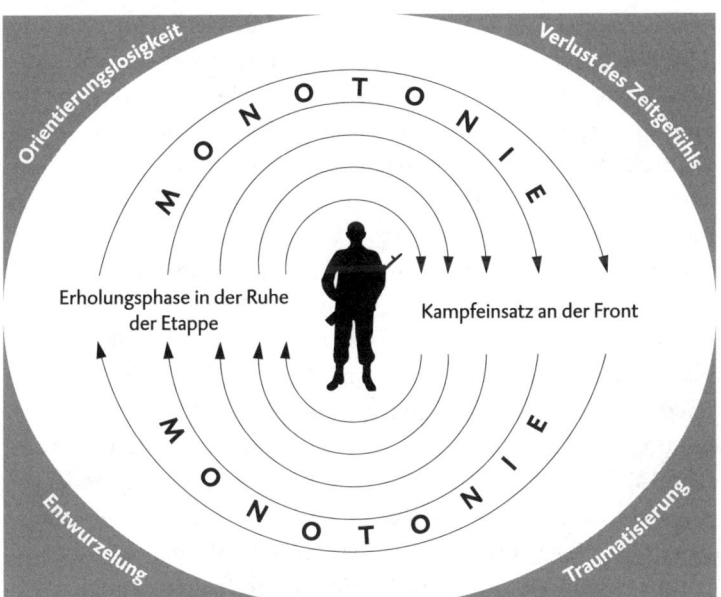

## Spannungsaufbau

Wenn auch Orts- und Zeitangaben nur in geringem Maße und insgesamt ungenau gegeben, die Figuren selbst eher oberflächlich gezeichnet werden und ein Entwicklungs- und Reifeprozess kaum stattfindet, so kann man dennoch nicht sagen, dass der Roman gänzlich ohne Spannungsaufbau bleibt. Die Abfolge der verschiedenen Erlebnisräume – Etappe, Front und Heimat – wird von einer **ansteigenden Intensivierung in der Darstellung des Kampfes an der Frontlinie** begleitet.

Bezogen auf das unmittelbare Kriegsgeschehen setzt der Roman in seinen ersten Kapiteln vorbereitende Akzente. Hier dominiert das vergleichsweise ruhige Leben in der Etappe, die Figuren werden eingeführt und das zentrale Thema wird mit Rückblenden ausgeleuchtet. Im Regenerationsbedürfnis der abgekämpften Soldaten und den hohen Verlusten der Truppe spiegeln sich die Strapazen der Front.

Mit Kapitel 4 erfolgt ein deutlicher Wechsel nicht nur in der Aktivität („Wir müssen nach vorn zum Schanzen", S. 49), sondern auch des Schauplatzes: Es geht an die Front, es geht um eine direkte Berührung mit Kampf, Schmerz und Tod. In den Kapiteln 4 und 6 steht der Graben- und Stellungskrieg im Zentrum, das Zwischenkapitel 5 setzt wiederum mit der Abreibung, die die Kameraden Himmelstoß verpassen, und dem Essen des Gänsebratens einen entspannenden Gegenakzent. Der Heimaturlaub Paul Bäumers (Kapitel 7 und 8) bietet mit dem Ortswechsel die Möglichkeit, die Reflexionen des Ich-Erzählers noch einmal neu zu justieren und seine Betroffenheit durch die destruktiven Kampferfahrungen in ihrer ganzen Tragweite zu verdeutlichen. Nach der Rückkehr Paul Bäumers an die Front entfaltet sich ein neuer Spannungsbogen. Die Duval-Episode, das Kernstück des 9. Kapitels, stellt eine andere Qualität im Erleben des Frontkrieges und damit einen Höhepunkt dar, da hier Paul Bäumer allein auf sich gestellt einem feindlichen Soldaten von

Angesicht zu Angesicht gegenübersteht und sein Sterben, das er selbst verursacht hat, unmittelbar miterlebt. Im 10. Kapitel deutet sich wieder eine Ruhephase an, die allerdings mit der Verwundung Bäumers endet. Die beiden letzten Kapitel sind als großer Abgesang zu verstehen: In einem immer gleichen Ablauf von Kampf und Regeneration lassen die Kameraden der Gruppe nacheinander ihr Leben, schließlich auch der Ich-Erzähler Paul Bäumer.

Remarque zeigt aufs Ganze gesehen eine **gekonnte Variationstechnik** und es gelingt ihm auf diese Weise, Spannung aufzubauen und den Leser zu fesseln.

Spannungsverlauf des Romans

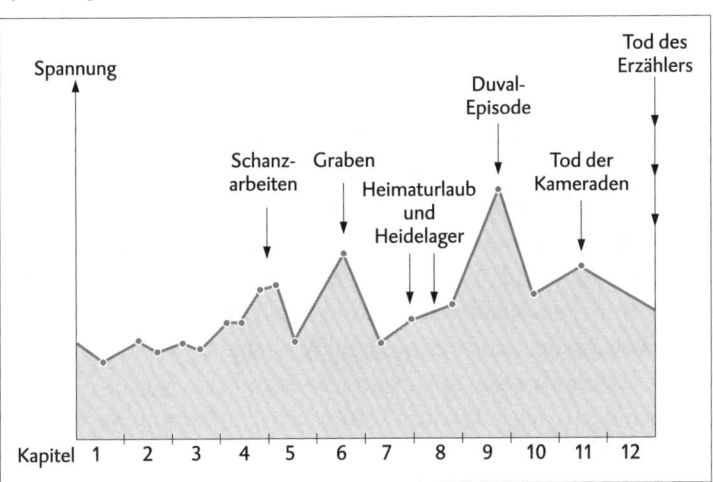

## 3 Darstellung und Bewertung des Krieges

Remarque hat niemals beansprucht, den Verlauf des Ersten
Weltkrieges an der Westfront historisch genau darzulegen. Immer hat er betont, dass er der menschlichen Katastrophe und der
schrecklichen Realität des Krieges für den einfachen Soldaten
Gestalt habe verleihen wollen. Dennoch ist es für die Einord-
nung und Bewertung seiner Darstellung nötig, die historischen
Gegebenheiten des Frankreich-Feldzuges zu skizzieren.

### Historischer Exkurs

**Die Konstellation zu Kriegsbeginn:** Der Erste Weltkrieg wurde zwar mit der Ermordung des österreichisch-ungarischen
Thronfolgerpaars in Sarajewo am 28. Juni 1914 durch einen ser-
bischen Nationalisten ausgelöst, die tieferen Ursachen sind
jedoch in der zunehmenden Konkurrenz der europäischen Na-
tionen um die Eroberung und Sicherung kolonialer Gebiete auf
vielen Kontinenten zu suchen. Dabei agierte das Deutsche Reich
mit seinem **forcierten Aufbau einer Kriegsflotte** und seinem
**Streben nach einem „Platz an der Sonne"** besonders aggres-
siv. Am Vorabend des Ersten Weltkrieges war das Deutsche
Reich mit dem Kaiserreich Österreich-Ungarn verbündet und
die europäische Großmacht Frankreich hatte einen Beistands-
pakt mit dem russischen Zarenreich vereinbart.

Nach der Kriegserklärung Österreich-Ungarns an Serbien am
28. Juli 1914 erklärte das Deutsche Kaiserreich auf Grundlage
des bedingungslosen Beistandspaktes mit Österreich-Ungarn
am 1. August dem zaristischen Russland (Bündnispartner Ser-
biens) und am 3. August Frankreich den Krieg. Die militärische
Doktrin sah nach dem sogenannten Schlieffen-Plan vor, dass die
deutschen Truppen unter Umgehung der massiv ausgebauten
französischen Verteidigungslinie an der Grenze zu Deutschland
in einem „Blitzangriff" über das neutrale Belgien nach Nord-

frankreich und weiter nach Paris vorstoßen sollten. Dies geschah bereits am Folgetag, dem 4. August 1914, in der Hoffnung, durch schnellen Geländegewinn und einen frühen Sieg über Frankreich den **drohenden Zweifrontenkrieg zu verhindern**. Der Einmarsch in Belgien stellte eine massive Verletzung des Völkerrechts dar und führte dazu, dass England als Garantiemacht der belgischen Neutralität auf Seiten der „Entente" in den Krieg eintrat und Truppen nach Nordfrankreich entsandte.

**Die Entwicklung des Krieges an der Westfront:** Nach schnellen Anfangserfolgen kam der militärische Vorstoß der deutschen Truppen bereits im September 1914 in der großen Schlacht an der Marne (5. bis 12. 9. 1914) ins Stocken und der Bewegungskrieg mutierte rasch zu einem **Stellungskrieg** mit den bei Remarque beschriebenen Gräben, Unterständen, vorgelagerten Drahtverhauen und dem brutalen Kampf Mann gegen Mann. Die **Verluste auf beiden Seiten waren hoch**, wie auch bei den ersten beiden Flandernschlachten. Von deutscher Seite wurde in der Nähe der Stadt Ypern im Verlauf der Kampfhandlungen im Frühjahr 1915 zum ersten Mal **Chlorgas** eingesetzt, später nutzten auch die Briten und Franzosen immer wieder chemische Waffen.

Das flache Gelände ist in Flandern in weiten Teilen sumpfig und morastig, teilweise aber auch von kleinen Hügelketten durchzogen. Es entbrannte ein Kampf unter massivem Einsatz von Artillerie und Maschinengewehren um diese strategisch und logistisch wichtigen Hügelketten, da der hohe Grundwasserstand in den flachen Sumpfgebieten es nicht erlaubte, schützende Gräben auszuheben. Auf deutscher Seite wurden MG- und Artilleriestellungen mit Beton ausgebaut, sogenannte Nester, die bei Sturmangriffen der Gegenseite jedoch auch zu Fallen wurden, da die Soldaten nicht schnell genug entweichen konnten.

Karte zur dritten Flandernschlacht

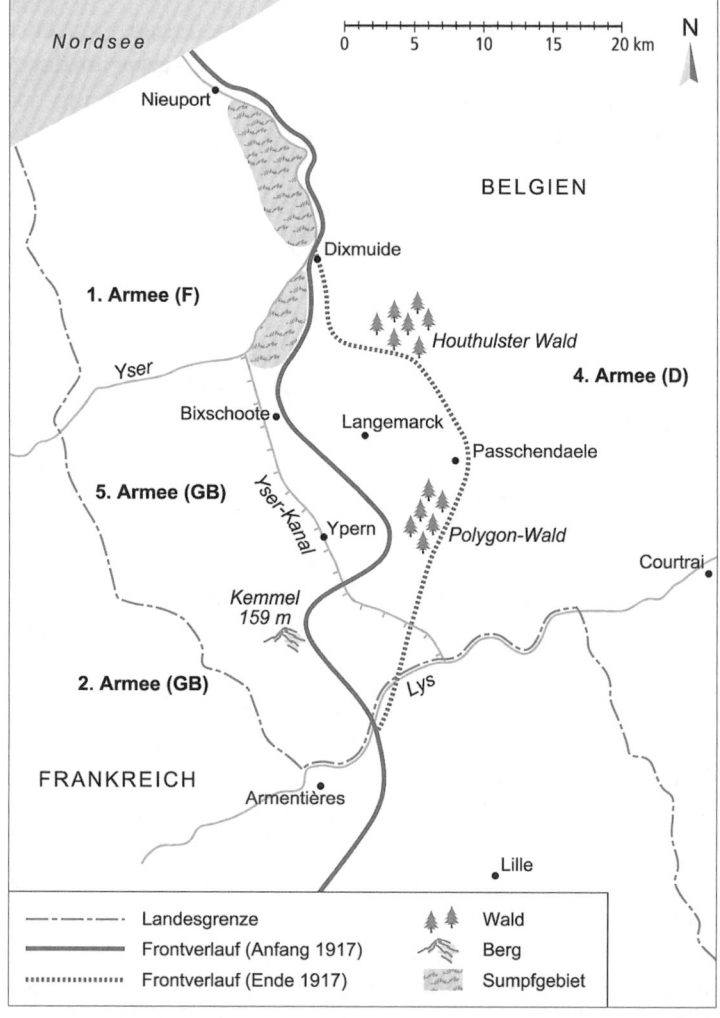

In diesem Frontabschnitt in Flandern wurde der junge Remarque als Schanzsoldat ab
Juni 1917 eingesetzt. Sein erster Standort war in der Nähe von Dixmuide.

Dieser **Stellungskrieg mit hohem Einsatz von Kriegsmaterial und sehr vielen gefallenen Soldaten** auf beiden Seiten zog sich bei nur geringfügigen und wechselnden Geländegewinnen über mehrere Jahre hin. Die Landschaft dort ist noch heute geprägt von den Zerstörungen, die Schützengräben, Betonstellungen und Bombardierungen hinterlassen haben. Nie zuvor hatte man eine solch **maschinelle Kriegführung** erlebt. Von allen Beteiligten wurden im Ersten Weltkrieg massenhaft Maschinengewehre eingesetzt. Von großer Bedeutung waren auch die im Laufe des Krieges vor allem von den Engländern verwendeten Panzerfahrzeuge, die sogenannten „Tanks“. Diese Entwicklung hatte tiefgreifende Konsequenzen. So verlor z. B. die Kavallerie, früher ein bedeutender Teil der Armee, aufgrund dieser waffentechnischen Entwicklung an Bedeutung. Jeder einzelne Soldat sah sich nun ohnmächtig einer nie gekannten Waffenmaschinerie ausgeliefert.

Die besondere Brutalität des Ersten Weltkrieges lag auch in der neuen Waffentechnologie begründet, zu der u. a. die britischen „Tanks“ gehörten.

Stellvertretend für den Zermürbungskrieg steht besonders der Name der französischen Kleinstadt **Verdun**: Allein im Umkreis dieser Stadt fielen während des Sommers 1916 insgesamt 700 000 Deutsche und Franzosen ohne wesentlichen Geländegewinn für eine der beiden Seiten. Mit dem Kriegseintritt der USA im April 1917 verstärkte sich die Übermacht der Alliierten nachhaltig. Bis zum Juli 1918 waren insgesamt 1,5 Millionen amerikanische Soldaten auf dem europäischen Kriegsschauplatz eingesetzt.

Im vorletzten Kriegsjahr, von Juli bis November 1917, fand die **dritte große Flandernschlacht statt, bei der auch Remarque eingesetzt wurde**.

An der Ostfront gelang im März 1918, nach mehreren Schlachten und den revolutionären Unruhen im Inneren Russlands, ein Separatfrieden. Nach der erreichten Entlastung im Osten startete die deutsche Heeresleitung eine neue Offensive im Westen, doch auch bei dem neuerlichen Versuch gelangte die deutsche Armee nicht über die Marne hinaus.

Ende Juli begann ein massiver Angriff der alliierten Streitkräfte auf die deutschen Stellungen an der Westfront, dem die deutsche Armee nicht standhalten konnte. Im November 1918 wurde der Waffenstillstand beschlossen und es folgten die Friedensverhandlungen, die zum **Versailler Vertrag** führten.

### Die Darstellung des Kampfes im Roman

Der erste Satz des Romans konfrontiert den Leser direkt mit der Situation: „Wir liegen neun Kilometer hinter der Front." (S. 7) Der gegebene Handlungszusammenhang des Kriegsgeschehens wird ohne Hinführung und erzählerische Aufbereitung benannt. Die Eingangssituation zeigt ausgehungerte und abgekämpfte Soldaten, darauf konzentriert, so viel Essen zu verschlingen, wie es nur geht, und einen Vorrat anzulegen („Tjaden und Müller haben ein paar Waschschüsseln aufgetrieben und sie sich bis zum Rand gestrichen voll geben lassen als Reserve.", S. 7). Sie wissen, dass es nach einer kurzen Erholung wieder hinausgeht an die Front, dass sie tage- und nächtelang nur wenig zu essen bekommen werden und kaum Schlaf. Der Beginn und das erste

Kapitel insgesamt verdeutlichen bereits, dass es in diesem Werk nicht um eine chronologische bzw. militärstrategische Darlegung oder gar um eine politische Auseinandersetzung mit dem Ersten Weltkrieg geht, sondern um die **Beschreibung der unmenschlichen Situation**, der die einfachen Soldaten ausgesetzt sind.

Die **Darstellung der Kampfhandlungen selbst** beginnt mit dem 4. Kapitel. Erzählt wird aus der „Wir"-Perspektive des Ich-Erzählers, der während der Fahrt zur Front auf dem LKW mit seinen Kameraden scherzt und die Dämmerung der hereinbrechenden Nacht noch als schützendes Tuch empfindet (vgl. S. 49). Die Munitionskolonnen, die sie begleiten, werden wahrgenommen und dennoch richtet sich die Aufmerksamkeit der kleinen Gruppe mehr auf die Lokalisierung des Gänsegeschnatters, das sie im Vorüberfahren wahrnehmen und das ein gutes Essen verspricht.

An der Frontlinie angekommen verändert sich die Atmosphäre: Sie „schmeck[en] den Pulverqualm bitter auf der Zunge" (S. 50) und die Abschüsse der Geschütze haben eine solche Gewalt, dass ihr „Wagen bebt" (S. 50). Während die Soldaten, die zu Schanzarbeiten eingeteilt sind, in Kolonnen durch den nächtlichen Nebel zu ihrer Einsatzstelle marschieren, beobachten sie die zuckenden Leuchtfeuer am Horizont, die für einen Moment die Nacht taghell bunt und grell erleuchten, gefolgt vom Mündungsfeuer der Batterien. Die Luft ist erfüllt von „dumpfe[m] Dröhnen" (S. 55) und „unsichtbarem Jagen, Heulen, Pfeifen und Zischen" (S. 55). Das geschilderte Szenario gibt die Atmosphäre auf eindringliche Weise wieder und die **detaillierte, bildhaft ausschmückende Beschreibung** verschafft dem Leser einen **plastischen Eindruck:** „Sie [die schweren Geschosse] haben einen röhrenden, heiseren, entfernten Ruf, wie Hirsche in der Brunft, und ziehen hoch über dem Geheul und Gepfeife der kleineren Geschosse ihre Bahn." (S. 55f.)

Dass diese Pfeifgeräusche eine tödliche Gefahr ankündigen, wird durch die **markerschütternden Schreie verwundeter Pferde** klar, die als Last- und Zugtiere an den Gräben eingesetzt sind. Die grauenvollen Schreie und die Bilder der verletzten Tiere, die kopflos und stöhnend durch die vom Mond silbern beschienene Landschaft taumeln, bilden dabei einen Vorgeschmack auf das, was auch den Soldaten droht. Hier wird deutlich Spannung aufgebaut, indem das Leiden an schrecklichen körperlichen Verletzungen und Verstümmelungen, dem die Soldaten nur fassungslos zuschauen können, sehr anschaulich dargeboten wird. Die erzählerischen Mittel unterstreichen die Wirkung dieser Episode: Den **Kontrast** zu den schmerzerfüllten Lauten der Tiere stellt die **Schilderung der „stillen, silbernen Landschaft"** dar, in der „unsichtbar, geisterhaft [...] zwischen Himmel und Erde" (S. 59) die Schmerzensschreie zu hören sind. Charakteristisch für die Erzählweise ist weiterhin, dass durch die Beschreibung der Körpersprache sowie des Verhaltens und in kurzen Dialogen die Intensität der Empfindungen der Soldaten verdeutlicht wird. So hält Detering, der als Bauer eine besondere Nähe zu den Tieren hat, die Situation kaum aus und reißt zitternd sein Gewehr hoch, um einem der Pferde den Gnadenschuss zu geben. Die anderen halten sich die Ohren zu, es bricht ihnen der Schweiß aus und der Ich-Erzähler kommentiert: „Man möchte aufstehen und fortlaufen, ganz gleich wohin, nur um das Schreien nicht mehr zu hören. Dabei sind es doch keine Menschen, sondern nur Pferde." (S. 60)

Das dramatische Vorspiel erfährt seine Steigerung in der **Schilderung eines Angriffs**, von dem Bäumers Gruppe auf dem Weg zurück zum Sammelplatz überrascht wird. Wieder dient die vordergründig beruhigende Schilderung der Natur („Der Himmel ist eine Spur heller geworden. [...] Der Wind ist frisch und kühl", S. 61) der Bildung eines Kontrastes zu den martialischen, apokalyptischen Bildern, die folgen werden. Man

Mit sehr eindrücklichen Bildern wird die „Pferde-Szene" auch in der Graphic Novel zum Roman von Peter Eickmeyer dargestellt.

denkt dabei an die sprichwörtliche Ruhe vor dem Sturm. Die Gruppe schlägt sich entlang der Laufgräben durch ein Wäldchen und ist zu einem Friedhof gelangt, als das Feuer schließlich losbricht:

*In diesem Augenblick pfeift es hinter uns, schwillt, kracht, donnert. Wir haben uns gebückt – hundert Meter vor uns schießt eine Feuerwolke empor. In der nächsten Minute hebt sich ein Stück Wald unter einem zweiten Einschlag langsam über die Gipfel, drei, vier Bäume segeln mit und brechen dabei in Stücke. Schon zischen wie Kesselventile die folgenden Granaten heran – scharfes Feuer –* (S. 61)

In den Veränderungen des sprachlichen Stils spiegeln sich die Erregung und der überwältigende emotionale Stress, unter dem die Soldaten stehen, während sie diesen Gewalten ausgesetzt sind: **stakkatohafte Verkürzungen**, fast schon **lautmalerische Wortwahl**, **Personifikationen**, **Metaphern**. In ungeheuerlicher Weise bedroht der Angriff Natur, Mensch und Tier:

> *Das Dunkel wird wahnsinnig. Es wogt und tobt. Schwärzere Dunkelheiten als die Nacht rasen mit Riesenbuckeln auf uns los, über uns hinweg. [. . .] Nirgendwo ist ein Ausweg. Ich suche im Aufblitzen der Granaten einen Blick auf die Wiesen. Sie sind ein aufgewühltes Meer, die Stichflammen der Geschosse springen wie Fontänen heraus. Es ist ausgeschlossen, daß jemand darüber hinwegkommt. Der Wald verschwindet, er wird zerstampft, zerfetzt, zerrissen. [. . .] Vor uns birst die Erde. Es regnet Schollen.*
> (S. 62)

Diese Darstellung erreicht eine **große Eindringlichkeit** und versetzt den Leser mitten ins Geschehen. Mit hyperbolischen Formulierungen, gewagten Personifikationen, der fast schon beschwörenden Reihung der Partizipien mit der Vorsilbe „zer" und kurzen Sätzen wird das Inferno plastisch gestaltet.

In diesen Bildern wird zugleich der spezifische Charakter der **maschinengesteuerten „modernen" Kriegführung** deutlich: Die neue Waffentechnologie setzte ungeheure Kräfte frei und ihre Zerstörungsgewalt überstieg die realen Vorstellungsmöglichkeiten der damit konfrontierten Menschen. Die Welt selbst schien auseinandergerissen zu werden; diese apokalyptische Erfahrung gestaltet Remarque in sprachmächtiger Erzählweise.

Die Handlung ist nicht frei von makabren Konstellationen, die wiederum die Unwirklichkeit der Situation betonen, in der auf nichts mehr Verlass ist. Der Kampf ums Überleben im Granatenhagel findet ausgerechnet auf einem Friedhof statt und Bäumer gelingt es, in einem aufgewühlten Grab unter einem Sarg Schutz zu finden. Die Dynamik und **Atemlosigkeit der**

**Situation** spiegelt sich dabei in der **parataktischen Satzstruktur:**

> *Mit einem Satze schnelle ich mich lang vor, flach wie ein Fisch über den Boden, – da pfeift es wieder, rasch krieche ich zusammen, greife nach Deckung, fühle links etwas, presse mich daneben, es gibt nach, ich stöhne, die Erde zerreißt, der Luftdruck donnert in meinen Ohren, ich krieche unter das Nachgebende, decke es über mich, es ist Holz, Tuch, Deckung, Deckung, armselige Deckung vor herabschlagenden Splittern.* (S. 62 f.)

**Zeitdeckend, punktuell zeitdehnend** wie in einer Slow-Motion-Einstellung im Film wird erzählt, alle sinnlichen Wahrnehmungen werden detailliert beschrieben, die Verengung des Blickwinkels auf die Figur des Protagonisten erhöht einmal mehr die Identifikation des Lesers – eine **starke Emotionalisierung** ist das Resultat dieser Erzählweise.

Zu einer weiteren Spannungssteigerung kommt es mit der Warnung vor eintretendem Gas. In Sekundenschnelle müssen die Soldaten realisieren, dass ein Gasangriff erfolgt ist, müssen die Information weitergeben und so schnell wie möglich Gasmasken überziehen, sonst verätzt das Gas ihnen die Lungen. Die Gefahr der Situation wird in kurzen, elliptisch verknappten Dialogen verdeutlicht: „[I]n einem Moment Abschwellen erreicht mich seine Stimme: ‚Gas – Gaaas – Gaaas – Weitersagen –!'" (S. 63)

Der **Einsatz von maschinellen und insbesondere chemischen Waffen,** die in wenigen Sekunden Hunderte von Menschen kampfunfähig machen und viele tödlich verletzen, entwertet das traditionelle Bild des heldenhaften Soldaten, der im Kampf Mann gegen Mann heroisch seine individuelle Tapferkeit und Stärke unter Beweis stellt. Bäumer und die anderen erleben die Front als ein Inferno, dem sie hilflos ausgeliefert sind. Hier geht es nicht mehr um persönlichen Mut oder Heldenhaftigkeit, sondern nur noch ums nackte Überleben. Die Soldaten liegen in den Gräben und Stellungen, werden taub durch den anhaltenden Donner der Artillerie, bevor ein Sturmangriff erfolgt. Sie sind gefangen:

> *Die Front ist ein Käfig, in dem man nervös warten muß auf das, was geschehen wird. Wir liegen unter dem Gitter der Granatenbogen und leben in der Spannung des Ungewissen. Über uns schwebt der Zufall. Wenn ein Geschoß kommt, kann ich mich ducken, das ist alles; wohin es schlägt, kann ich weder genau wissen noch beeinflussen.* (S. 91)

### Das Bild des Frontsoldaten im Roman

Das Leben und Sterben der Soldaten wird in allen menschlichen Aspekten ausgeleuchtet, die solche Extremsituationen und die Todesnähe eröffnen. **Material zur Heldenverehrung findet sich nicht**, im Gegenteil – Angst und Anspannung in der Warteposition im Graben werden eindringlich und bildmächtig vorgeführt:

> *Es ist eine tödliche Spannung, die wie ein schartiges Messer unser Rückenmark entlang kratzt. Die Beine wollen nicht mehr, die Hände zittern, der Körper ist eine dünne Haut über mühsam unterdrücktem Wahnsinn, über einem gleich hemmungslos ausbrechenden Gebrüll ohne Ende. Wir haben kein Fleisch und keine Muskeln mehr, wir können uns nicht mehr ansehen, aus Furcht vor etwas Unberechenbarem. So pressen wir die Lippen aufeinander – es wird vorübergehen – es wird vorübergehen – vielleicht kommen wir durch.* (S. 101)

Immer wieder kommt es zu „Anfällen", zum „Koller", wenn die Nerven unter der Anspannung versagen und die Soldaten zu selbstmörderischen Ausbrüchen übergehen (vgl. S. 99), die Hosen „voll" haben, weinend zusammenbrechen und winselnd in einer Ecke kauern – sogar den zackigen und übermotivierten Himmelstoß überwältigt es bei seinem ersten Frontkontakt (vgl. S. 119f.).

Kommt dann der Angriff, sind sie von der Zerreißprobe des vorausgehenden Abwartens und der anhaltenden Todesgefahr so aufgeheizt, dass sie sich taumelnd in einen Kampf stürzen, der auf beiden Seiten letztlich ein verzweifelter Versuch ist, das eigene Überleben zu sichern. Der Protagonist reflektiert diese Konstellation treffend:

> *Aus uns sind gefährliche Tiere geworden. Wir kämpfen nicht, wir verteidigen uns vor der Vernichtung. Wir schleudern die Granaten nicht gegen Menschen, was wissen wir im Augenblick davon, dort hetzt mit Händen und Helmen der Tod hinter uns her, wir können ihm seit drei Tagen zum ersten Male ins Gesicht sehen, wir können uns seit drei Tagen zum ersten Male wehren gegen ihn, wir haben eine wahnsinnige Wut, wir liegen nicht mehr ohnmächtig wartend auf dem Schafott, wir können zerstören und töten, um uns zu retten, um uns zu retten und zu rächen.* (S. 103)

Ungeschminkt wird die **Brutalität des Tötens und Sterbens** geschildert: „Neben mir wird einem Gefreiten der Kopf abgerissen. Er läuft noch einige Schritte, während das Blut ihm wie ein Springbrunnen aus dem Halse schießt." (S. 104) Die Verletzungen werden ebenfalls mit brutaler Direktheit benannt, die Hüfte eines jungen Rekruten ist z. B. nach einem Treffer „ein einziger Fleischbrei mit Knochensplittern" (S. 67). Die Aussichtslosigkeit, diese

Paul Bäumer (Lew Ayres, Verfilmung von 1930) als „Menschentier", zu dem die Soldaten im Krieg mutieren.

Verletzung zu überleben, und zugleich die Gewissheit, dass die Tage bis zum sicheren Tod nur mit unermesslichen Schmerzen gefüllt sein werden, lässt die erfahrenen Soldaten ernsthaft überlegen, ob sie dem Verletzten dieses Leiden ersparen, indem sie ihm ebenso einen „Gnadenschuss" geben wie den Pferden, die vorher schreiend durch die Nacht gelaufen sind (vgl. S. 68).

Der kämpfende, vom Tode bedrohte Soldat wird zu einem „Menschentier[…]" (S. 53), er steigt hinab auf eine Stufe der Existenz, in der es nur noch ums nackte Überleben geht, zu dem jedes Mittel recht ist. **Verrohung und Brutalisierung** beherrschen die Szene, bestimmen das **instinktgesteuerte Handeln des kämpfenden Soldaten**, der mitgezogen wird in der Gruppe:

> *Wären wir keine Automaten in diesem Augenblick, wir blieben liegen, erschöpft, willenlos. Aber wir werden wieder mit vorwärts gezogen, willenlos und doch wahnsinnig wild und wütend, wir wollen töten, denn das dort sind unsere Todfeinde jetzt, ihre Gewehre und Granaten sind gegen uns gerichtet, vernichten wir sie nicht, dann vernichten sie uns!* (S. 104 f.)

Alle Gefühle und menschlichen Regungen sind in diesem Moment ausgeschaltet, die Soldaten sind nur noch „gefühllose Tote, die durch einen Trick, einen gefährlichen Zauber noch laufen und töten können" (S. 105).

Man begegnet in Remarques Roman **keiner Glorifizierung nationaler Gefühle**, es wird kein Versuch unternommen, diesem grausamen Geschehen einen höheren Sinn zuzuschreiben. Ein charakteristischer Zug der Soldaten besteht darin, dass sie die Situation einfach nur durchstehen wollen. Dabei scheinen sie nicht ganz frei von soldatischem Stolz zu sein, doch das **Gefühl des Ausgeliefertseins** überwiegt. Sie fühlen sich benutzt, aber sie rebellieren nicht (vgl. S. 17 f.).

Der Soldat im Krieg passt sich den Gegebenheiten an und sucht nach **Überlebensstrategien**. Er entwickelt eine „hellsichtige Witterung" (S. 53) für drohende Gefahr, vergleichbar dem „Instinkt des Tieres" (S. 53). Remarques Protagonist äußert diese vitale Empfindung einer Veränderung und Konzentration aller psychischen und sinnlichen Kräfte im Angesicht bevorstehender Kämpfe folgendermaßen: „Wir fühlen, daß in unserm Blut ein Kontakt angeknipst ist. [...] in unsern Adern, unsern Händen, unsern Augen ein geducktes Warten, ein Lauern, ein stärkeres Wachsein, eine sonderbare Geschmeidigkeit der Sinne." (S. 51) Zugleich sucht er nach Deckung und Schutz:

*Aus der Erde, aus der Luft aber strömen uns Abwehrkräfte zu, – am meisten von der Erde. Für niemand ist die Erde so viel wie für den Soldaten. Wenn er sich an sie preßt, lange, heftig, wenn er sich tief mit dem Gesicht und den Gliedern in sie hineinwühlt in der Todesangst des Feuers, dann ist sie sein einziger Freund, sein Bruder, seine Mutter* (S. 52).

In dieser mythischen Verbundenheit mit der Natur bzw. der Erde finden sich Spuren der Lebensphilosophie, die Remarques Jugendzeit sehr geprägt hat.

Anpassung beinhaltet aber auch ganz praktische Ebenen. Die erfahrenen Soldaten können die Geschosse nach ihren Geräuschen differenzieren, kennen ihre Flugbahnen und können sich angemessen schützen. Den jungen Rekruten fehlt diese Fähigkeit, weshalb sie noch mehr als die Älteren zum Kanonenfutter werden. Bäumer spricht ganz nüchtern über Vor- und Nachteile der einzelnen Waffen und Kampfmethoden (vgl. S. 94), das **Töten wird zum Handwerk**. Die Soldaten müssen bei tagelangem Feuer in den Gräben lernen, zwischen Handgranaten, Sturmgewehr und einem Bissen Brot zu jonglieren und in kleinen Pausen zur Entspannung eine Runde Skat zu spielen. Die Organisation von Essen und Trinken und das Kräftesammeln in jeder Pause ist notwendig, um nicht zugrunde zu gehen. Dazu gehört auch, jede Minute der Entspannung und Ablenkung zu nutzen, auch wenn letztlich alles auf ein einziges Ziel ausgerichtet bleibt – zu überleben.

Selbst den überlebenswichtigen Schlaf holen sich die Soldaten an der Front in einem Granattrichter (historische Fotografie).

Der Ich-Erzähler macht diese Fokussierung auf ein alles bestimmendes Ziel mit einem treffenden Vergleich deutlich:

*Es ist wie eine Expedition im hohen Eise; – jede Lebensäußerung darf nur der Daseinserhaltung dienen und ist zwangsläufig darauf eingestellt. Alles andere ist verbannt, weil es unnötig Kraft verzehren würde.* (S. 240)

Am allerwichtigsten in der Entwicklung von Überlebensstrategien ist eine **funktionierende Kameradschaft**. Kameradschaft bedeutet, das Essen miteinander zu teilen, im Graben aufeinander aufzupassen, den vermissten und verwundeten Kameraden zu suchen und zu versorgen, sich dafür verantwortlich zu fühlen, dass er zum Feldlazarett gebracht wird. Die Soldaten „haben alle die gleiche Angst und das gleiche Leben" (S. 188). Dieses Bewusstsein ist die Basis der Verbundenheit und hilft jedem Einzelnen, „dem Abgrund der Verlassenheit" (S. 241) im Angesicht des Todes zu entgehen. Remarques Ich-Erzähler schildert dieses Gefühl sehr eindrücklich, als er es mithilfe der entfernten Stimmen seiner Kameraden schafft, seiner Panikattacke Herr zu werden:

*Eine ungemeine Wärme durchflutet mich mit einemmal. Diese Stimmen, diese wenigen, leisen Worte, diese Schritte im Graben hinter mir reißen mich mit einem Ruck aus der fürchterlichen Vereinsamung der Todesangst, der ich beinahe verfallen wäre. Sie sind mehr als mein Leben, diese Stimmen, sie sind mehr als Mütterlichkeit und Angst, sie sind das Stärkste und Schützendste, was es überhaupt gibt; es sind die Stimmen meiner Kameraden.* (S. 188)

Ein waches Nachdenken über die Situation, in der sie sich befinden, vermeiden sie, weil es ihnen die Unerträglichkeit bewusst machen würde: „Das Grauen läßt sich ertragen, solange man sich einfach duckt; – aber es tötet, wenn man darüber nachdenkt." (S. 125) Eine weitaus hilfreichere Haltung angesichts des grauenvollen Geschehens stellt ein **manchmal zynischer und makabrer Humor** dar. So kommentiert Tjaden die große Anzahl an frisch gezimmerten Särgen, die sie hinter der Frontlinie gestapelt sehen, mit einem ironischen Spruch („Sei froh, wenn du noch einen Sarg kriegst [...], dir verpassen sie doch nur eine Zeltbahn für deine Schießbudenfigur", S. 90). Die Soldaten machen „Witze, unbehagliche Witze" (S. 90), um den Schrecken der Wahrheit für einen Moment zu bannen. Der Ich-Erzähler reflektiert die Funktion des Witzes:

*Was in den Kriegszeitungen steht über den goldenen Humor der Truppen, die bereits Tänzchen arrangieren, wenn sie kaum aus dem Trommelfeuer zurück sind, ist großer Quatsch. Wir tun das nicht, weil wir Humor haben, sondern wir haben Humor, weil wir sonst kaputt gehen.* (S. 126)

Eine andere Funktion kommt den durchaus humoristischen Szenen um Himmelstoß und Kantorek zu. Hier ist die erheiternde Wirkung auf den Leser gerichtet und die unterhaltsamen Szenen dienen als Ausgleich zur Härte der Kampfszenen.

## Das Bild der militärischen Strukturen im Roman

Die militärischen **Strukturen der Armee im Krieg bleiben undeutlich.** Während in der Ausbildungsphase und auch in der Heimat-Episode Vorgesetzte wie Himmelstoß und jener Major, der auf eine militärische Ehrbezeugung besteht, deutlich in ihrer Rolle als Vorgesetzte agieren, treten an der Front militärische Ränge in den Hintergrund. Der Kompanieführer, Leutnant Bertinck, wird nur an wenigen Stellen und nur beiläufig erwähnt, dann aber als vorbildlich im Dienste seiner Untergebenen handelnder „prachtvolle[r] Frontoffizier[…]" (S. 249). Ansonsten spielt der militärische Rang kaum eine Rolle, viel wichtiger ist der Zusammenhalt der Truppe. Auch die logistisch-militärischen Aktionen werden ausschließlich hinsichtlich ihrer Auswirkungen auf die Gruppe insgesamt und Bäumer im Speziellen betrachtet.

Die konkrete Kampfsituation scheint (Rang-)Unterschiede einzuschmelzen. Paul Bäumer zieht dazu folgenden Vergleich: „Es ist, als ob wir früher einmal Geldstücke verschiedener Länder gewesen wären; man hat sie eingeschmolzen, und alle haben jetzt denselben Prägestempel." (S. 239) Um die Konzentration auf die verengte Perspektive des Ich-Erzählers konsequent umzusetzen, werden Befehle und Kommandos durchgängig im Passiv oder in unpersönlichen Wendungen wiedergegeben („Es wird mächtig geputzt. Ein Appell jagt den andern.", S. 179; „Es soll eine Patrouille ausgeschickt werden", S. 185; „Man nimmt uns weiter als sonst zurück", S. 124). In den **Kampfhandlungen** selbst scheinen die **Soldaten auf sich gestellt** zu sein, gelegentlich treffen sie hinsichtlich der Strategie Absprachen untereinander (vgl. S. 185), doch nie taucht ein Befehlshaber auf. Anweisungen werden entsprechend der militärischen Doktrin nicht hinterfragt, sondern nur ausgeführt.

Insgesamt wird ein geteiltes Bild des Militärischen gezeichnet: Auf der einen Seite stehen der Drill und die Rituale des Kasernenhofs, auf der anderen Seite die Eigendynamik des tatsächlichen Fronteinsatzes, der losgelöst von der militärischen Struktur und Doktrin zu sein scheint.

## Reflexionen über den Krieg

Der Krieg wird in seinen ökonomischen, sozialen und machtpolitischen Dimensionen in diesem Werk kaum reflektiert oder von einer der Figuren analysiert. Vielmehr erscheint er **als Verhängnis, als schicksalhafte Wendung**, die über alle gekommen ist, und letztlich als ein undurchschaubarer Komplex.

Nur ganz vereinzelt wird eine Auseinandersetzung mit den Kriegsursachen angedeutet, ohne dass aber eine entschiedene Position eingenommen wird. So resümiert der Protagonist Bäumer am Ende in tiefer Müdigkeit: „Ich sehe, daß Völker gegeneinandergetrieben werden und sich schweigend, unwissend, töricht, gehorsam, unschuldig töten. Ich sehe, daß die klügsten Gehirne der Welt Waffen und Worte erfinden, um das alles noch raffinierter und länger dauernd zu machen." (S. 233) All diese Reflexionen führen aber nur zu offenen Fragen (vgl. S. 233), die die Verlorenheit des nachdenkenden Soldaten zeigen.

Bei dem Versuch eines klärenden Gesprächs in der Gruppe nach dem Besuch des Kaisers wird deutlich, dass die Kameraden – trotz aller ideologischen Erziehung in Schule und Kaserne – große Schwierigkeiten haben, sich Ursachen und Zielsetzungen des Krieges zu erklären. Sowohl auf ihrer Seite als auch bei den Feinden sehen sie die „kleinen Leute" als Opfer des Krieges. Hier wie dort werde die Heimatliebe missbraucht, werde den Menschen vorgegaukelt, sie seien im Recht und man habe sie und ihre nationale Ehre beleidigt, ohne dass die an der Front Kämpfenden sich betroffen fühlen. Letztendlich kreisen sie um die Frage, wem der Krieg etwas nützt (vgl. S. 180 ff.). Doch **ihre Gedanken bleiben diffus und sie finden keine Antwort**, sodass am Ende Albert resümieren kann:

*Ich glaube, es ist mehr eine Art Fieber [...]. Keiner will es eigentlich, und mit einem Male ist es da. Wir haben den Krieg nicht gewollt, die andern behaupten dasselbe – und trotzdem ist die halbe Welt feste dabei.* (S. 183)

## Das Bild des Frontsoldaten

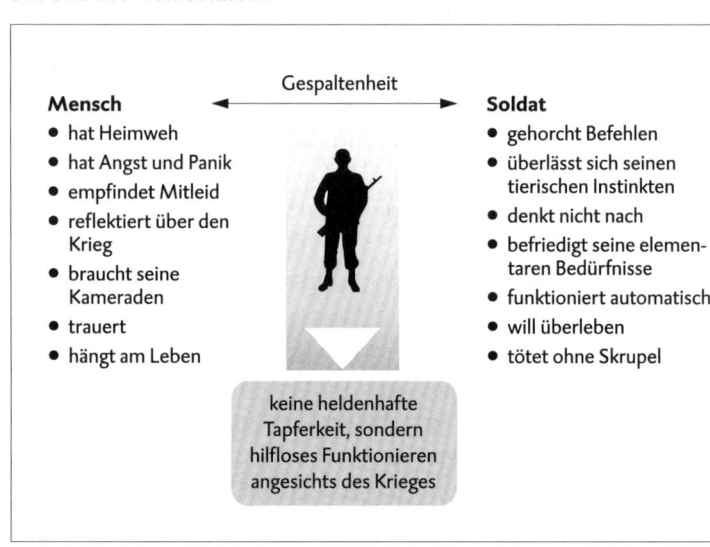

**Mensch**
- hat Heimweh
- hat Angst und Panik
- empfindet Mitleid
- reflektiert über den Krieg
- braucht seine Kameraden
- trauert
- hängt am Leben

Gespaltenheit

**Soldat**
- gehorcht Befehlen
- überlässt sich seinen tierischen Instinkten
- denkt nicht nach
- befriedigt seine elementaren Bedürfnisse
- funktioniert automatisch
- will überleben
- tötet ohne Skrupel

keine heldenhafte Tapferkeit, sondern hilfloses Funktionieren angesichts des Krieges

## 4 Die verlorene Generation

Erich Maria Remarque hat in den seltenen Interviews, die er zu seiner Intention und der Erfolgsgeschichte des Werks gegeben hat, immer wieder betont, dass ihm vor allem die **Darstellung der menschlichen Katastrophe** wichtig gewesen sei, in die der Krieg eine Generation junger Männer gerissen habe. So führte er dazu  in einem späteren Interview aus: „Mein eigentliches Thema war ein rein menschliches Thema, dass man junge Menschen von 18 Jahren, die eigentlich dem Leben gegenübergestellt werden sollten, plötzlich dem Tode gegenüberstellt."[15]

Eine Generation junger Männer wurde in einer Phase ihrer Entwicklung, in der sie gemeinhin Pläne für die Zukunft schmieden sollte, mit einer zerstörerischen Realität konfrontiert und in das Handwerk des Tötens eingewiesen. Statt das Leben kennenzulernen, erfuhren die jungen Menschen auf grausamste Art und Weise, was Tod und Sterben bedeuten. Obwohl der Krieg für alle Menschen einen Bruch mit ihrem alten Leben und eine ungeheure Belastung darstellte, traf er die Frontsoldaten besonders heftig. Sie kamen direkt mit dem massenhaften Sterben in Berührung und trugen die Bilder der verstümmelten Körper und der leichenübersäten Schlachtfelder in sich, soweit sie dieses Inferno überlebten.

Das weitere schriftstellerische Werk Remarques macht deutlich, dass ihn das Weiterleben der Soldaten nachhaltig beschäftigt hat, denn er gestaltete in seinem Roman *Der Weg zurück* das Schicksal eines traumatisierten und desillusionierten Kriegsheimkehrers, der an sein altes Leben nicht mehr anknüpfen kann und letztlich daran zerbricht.

Mit der **Thematisierung einer „lost generation"** steht Remarque in der Nähe von zeitgenössischen amerikanischen Schriftstellern wie Ernest Hemingway und F. Scott Fitzgerald, die nach dem Ersten Weltkrieg für längere Zeit in Europa lebten. Diese Autoren schrieben Romane und Kurzgeschichten, in denen ebenfalls eine **desillusionierte junge Generation** orientierungslos einer Gesellschaft gegenübersteht, in der sie keinen Platz findet.

Wenn man unter diesem Aspekt der „verlorenen Generation" die zentrale „Wir"-Gruppe im Roman *Im Westen nichts Neues* betrachtet, so ergeben sich interessante Differenzierungen. Die Gruppe um Bäumer und Kat erscheint unter dem Druck der gemeinsamen Herausforderung und dem Band der Kameradschaft weitgehend homogen in ihren Wahrnehmungen und Haltungen. Aber die Gymnasiasten unter ihnen artikulieren eine spezifische Kritik: Sie sehen sich verführt von ihren Erziehern und deren Kriegspropaganda, wegen der sie sich freiwillig und begeistert zum Dienst gemeldet haben. Tjaden und Haie Westhus, die etwa gleichaltrig sind, haben bei Ausbruch des Krieges bzw. bei Beginn ihrer aktiven Zeit als Soldaten bereits einen Beruf ausgeübt, scheinen auch nicht freiwillig in diesen Krieg gezogen zu sein. Sie verfügen als Handwerker oder Arbeiter bereits über eine gefestigte soziale Stellung, in die sie nach dem Krieg übergangslos zurückkehren können. Vor allem für Haie Westhus, den Torfstecher, wäre sogar eine Perspektive als Berufssoldat denkbar, denn die soziale Sicherheit und das Kasernenleben sind für ihn weitaus attraktiver als der karge Lohn und die harte Arbeit im Moor (vgl. S. 73). Die ehemaligen Schüler sind hingegen aus idealistischen Motiven in den Krieg gezogen und ihre beruflichen und sozialen Lebensentwürfe bewegen sich auf einer anderen Ebene. Sie haben nichts, wohin sie nach dem Krieg zurückkehren und woran sie anknüpfen können. Die älteren Soldaten der Gruppe sind bereits verheiratet, haben Kinder, ein Zuhause, sogar einen Bauernhof wie Detering – für sie ist der Krieg eine Unterbrechung, aber keine Infragestellung ihrer Lebensentwürfe (vgl. S. 24). Sie haben etwas, das sie über den Krieg hinausdenken lässt, während die Schüler „von ihm ergriffen worden [sind] und [nicht] wissen [...], wie das enden soll." (S. 24)

Einig sind sich die jungen Männer darin, dass der Krieg sie nachhaltig verändert hat. Albert Kropp sieht die Schwierigkeiten einer Wiedereingliederung ganz klar, benennt das Ausmaß der Traumatisierung mit unwägbaren Folgen: „Es wird überhaupt schwer werden mit uns allen. Ob die sich in der Heimat eigentlich nicht manchmal Sorgen machen deswegen? Zwei Jahre Schießen und Handgranaten – das kann man doch nicht ausziehen wie einen Strumpf nachher –" (S. 80). Er resümiert schließlich: „Der Krieg hat uns für alles verdorben." (S. 80)

Dies betrifft die gesamte vor ihnen liegende Lebensplanung, die ihnen nach ihren traumatischen Kriegserlebnissen unmöglich erscheint. Einige müssen sogar nach der Rückkehr noch die Abiturprüfung ablegen, z. B. Müller, der die Bücher mit an die Front genommen hat. Sie fühlen sich aus der Bahn geworfen und sehen keinen Weg zurück. Die Perspektive eines bürgerlichen Lebens und ein Verdrängen der Kriegserlebnisse sind für Paul Bäumer undenkbar: „Ich kann mir bloß nichts vorstellen. [...] diesen ganzen Betrieb mit Beruf und Studium und Gehalt und so weiter – das kotzt mich an, denn das war ja immer schon da und ist widerlich." (S. 80) In diesen Sentenzen klingt eine Rebellion an und die Suche nach einem radikalen Wandel der Lebensperspektive als Antwort auf die Erfahrung des Kampfes, des Leidens und des Sterbens. Dieses Aufbegehren bleibt aber ohne Konkretisierung, ohne Lösung, ohne Ziel. Meist mündet der Gedankengang in **Hilflosigkeit und fatalistische Ratlosigkeit:**

*Wir sind keine Jugend mehr. Wir wollen die Welt nicht mehr stürmen. Wir sind Flüchtende. Wir flüchten vor uns. Vor unserem Leben. Wir waren achtzehn Jahre und begannen die Welt und das Dasein zu lieben; wir mußten darauf schießen. Die erste Granate, die einschlug, traf in unser Herz. Wir sind abgeschlossen vom Tätigen, vom Streben, vom Fortschritt. Wir glauben nicht mehr daran; wir glauben an den Krieg.* (S. 81)

Diese Sätze zeigen eindrücklich, dass der Krieg den jungen Männern **all ihre Zukunftshoffnungen geraubt** und sie dem Leben, das sie eigentlich lieben sollten, entfremdet hat.

Überwiegend finden sich solche kritischen und resignativen Gedanken in Rückblenden und Reflexionen des Ich-Erzählers. Die kurzen Aussagesätze, die gehäuften Parallelismen im Satzbau, die Wortwahl, die Anaphern, die Steigerung und Dramatisierung – all dies rückt diese Stellen in die Nähe einer programmatischen, bekennerhaften Aussage.

Immer schwingt dabei auch ein **Vorwurf an die Generation der Väter und Erzieher** mit. Deren Reden vom heldenhaften und mutigen Kampf und dem ehrenvollen Einsatz für das Vaterland hätten die Jugendlichen zum Dienst an der Waffe verführt, den Idealismus und Enthusiasmus der jungen Männer ausgenutzt, ihnen nicht die Wahrheit über den Krieg vermittelt. Sie seien, so erinnert sich Bäumer, suchend und voller Abenteuerlust ausgezogen, „voll ungewisser Ideen, die dem Leben und auch dem Kriege in unseren Augen einen idealisierten und fast romantischen Charakter" (S. 25) verliehen hätten.

Die schikanöse Ausbildung und der Kasernenhofdrill eines Himmelstoß öffnen ihnen allerdings früh die Augen:

*Wir lernten, daß ein geputzter Knopf wichtiger ist als vier Bände Schopenhauer. Zuerst erstaunt, dann erbittert und schließlich gleichgültig erkannten wir, daß nicht der Geist ausschlaggebend zu sein schien, sondern die Wichsbürste, nicht der Gedanke, sondern das System, nicht die Freiheit, sondern der Drill. Mit*

*Begeisterung und gutem Willen waren wir Soldaten geworden;*
*aber man tat alles, um uns das auszutreiben.* (S. 25)

Die Gymnasiasten empfinden sich als eine „verlorene Generation", weil die militärische Ausbildung und der Krieg ihnen all
das, woran sie vorher geglaubt und wofür sie sich begeistert
haben, sinnlos und als Lüge erscheinen lässt.

Die **Desillusionierung**, die vom Erleben der Wirklichkeit
ausgelöst wird, zerstört auch das Bild der Personen, die ihnen
ehemals so glaubhaft vorkamen: Stellvertretend für die gesamte
bürgerliche Bildungswelt als Basis der ideologischen Erziehung
steht hier der Lehrer Kantorek, dessen Reden sie nun keinen
Glauben mehr schenken können. Aber was aus ihrem früheren
Leben stimmt dann überhaupt und hat Bestand? Während seines Heimaturlaubs sitzt Paul Bäumer in seinem Zimmer und
blättert in seinen einst heiß geliebten klassischen Werken. Er
empfindet nur noch „[e]in fürchterliches Gefühl der Fremde"
(S. 155), er blättert immer hastiger und findet „Worte, Worte,
Worte" (S. 155), aber sie erreichen ihn nicht mehr. Später, im
Lazarett, im Angesicht des qualvollen Sterbens so vieler, verall-
gemeinert er seinen geschärften Blick auf den Stellenwert der
Kultur:

*Wie sinnlos ist alles, was je geschrieben, getan, gedacht wurde,*
*wenn so etwas möglich ist! Es muß alles gelogen und belanglos*
*sein, wenn die Kultur von Jahrtausenden nicht einmal verhin-*
*dern konnte, daß diese Ströme von Blut vergossen wurden, daß*
*diese Kerker der Qualen zu Hunderttausenden existieren. Erst*
*das Lazarett zeigt, was Krieg ist.* (S. 233)

Der **Fatalismus** wächst in dem Maße, in dem die Verluste in der
kleinen Gruppe steigen. Zum Schluss ist nur noch Paul Bäumer
an der Front. In einem seiner letzten Resümees wird die Verlorenheit dieser **Generation, die sich zerstört, betrogen und
für immer vom Leben abgeschnitten sieht**, besonders deutlich formuliert:

*Wenn wir jetzt zurückkehren, sind wir müde, zerfallen, ausge-
brannt, wurzellos und ohne Hoffnung. Wir werden uns nicht
mehr zurechtfinden können. [...] Wir sind überflüssig für uns
selbst, wir werden wachsen, einige werden sich anpassen,
andere sich fügen, und viele werden ratlos sein; – die Jahre werden zerrinnen und schließlich werden wir zugrunde gehen.*
(S. 257 f.)

### Die verlorene Generation

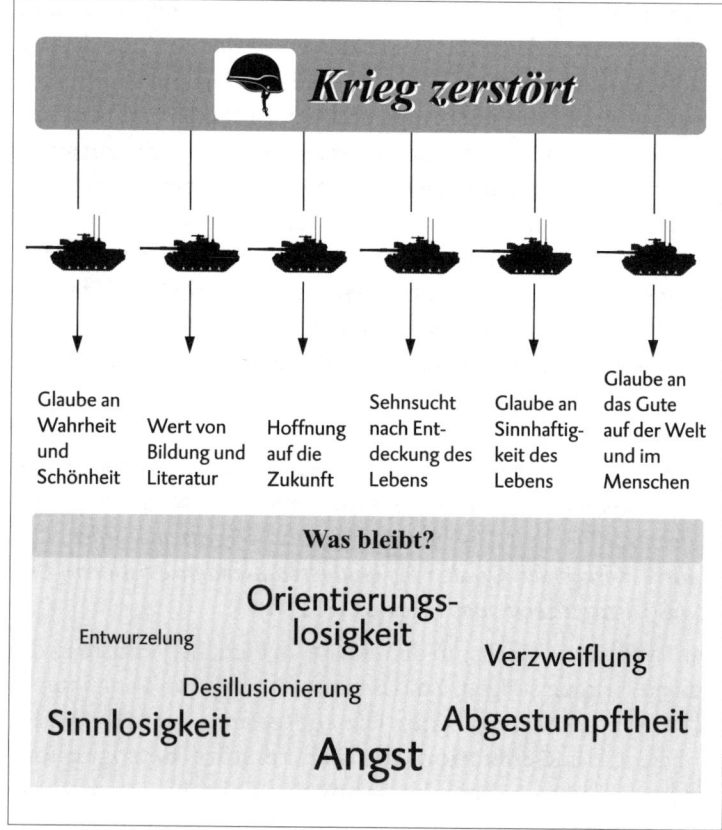

# 5 Sprache und Stil

Die für das Werk bestimmende Verknüpfung von **Subjektivität in der Darstellung** und dem Anspruch, Allgemeingültiges über die **wahre Realität des Kriegsgeschehens** auszusagen, prägt auch die Stilebene des Romans. Remarque entscheidet sich hinsichtlich der Erzählform für die Ich-Perspektive eines einfachen Soldaten, und er gibt diesem einfachen Soldaten Paul Bäumer eine gewöhnliche, unliterarische Sprache. Für die Zeitgenossen ist der sprachliche Stil als Literatursprache ungewohnt und – je nach Standpunkt – modern oder auch schockierend.

Pathetische Überhöhungen sucht man vergebens, es fehlt auch das gewählte und besondere Wort, das auf der Bedeutungs- wie der Klangebene vieles mitschwingen und ahnen lässt. In diesem Text wird ausgesprochen, was gemeint ist, und dies in einer **alltäglichen Sprache**, die **konkret, anschaulich** und teilweise auch hart formuliert ist.

Es werden andererseits aber durchaus **stilistische Mittel** eingesetzt, um die Aussagen in ihrer Wirkung zu steigern. Um die Dramatik der Frontszenen anschaulich werden zu lassen, verwendet der Erzähler eine Mischung aus **Ellipsen, Parallelismen und Metaphern**; in parataktischer Reihung mündet die Aufzählung schließlich in einer Kumulation von Nomen, in der sich die große Atemlosigkeit und Verzweiflung spiegeln:

> *[D]iese Tanks sind Maschinen, ihre Kettenbänder laufen endlos wie der Krieg, sie sind die Vernichtung [. . .], unaufhaltsam, eine Flotte brüllender, rauchspeiender Panzer, unverwundbare, Tote und Verwundete zerquetschende Stahltiere [. . .]. Granaten, Gasschwaden und Tankflottillen – Zerstampfen, Zerfressen, Tod. Ruhr, Grippe, Typhus – Würgen, Verbrennen, Tod. Graben, Lazarett, Massengrab – mehr Möglichkeiten gibt es nicht.*
> (S. 248 f.)

Auffallend ist die **Tiermetaphorik**, die immer wieder vorzufinden ist. Da laufen die Soldaten „geduckt wie Katzen" (S. 103), werden zu „gefährliche[n] Tiere[n]" (S. 103) und handeln instinktgeleitet, nehmen „Witterung" auf. Der Verlust der Menschlichkeit schlägt sich in diesem Sprachgebrauch nieder.

In den Beschreibungen der Natur, die in der Regel als Kontrapunkte zu den Kampfszenen und desillusionierten Kommentaren und Reflexionen eingesetzt werden, findet sich auch eine weiche, **emotionale Sprache**, die stimmungsvoll schildernd Atmosphäre entstehen lässt und beim Leser geradezu Trauer über die Entsetzlichkeit des Krieges hervorruft:

> *Nur wie ein sehr fernes Gewitter hören wir das gedämpfte Brummen der Front. Hummeln, die vorübersummen, übertönen es schon. Und rund um uns liegt die blühende Wiese. Die zarten Rispen der Gräser wiegen sich, Kohlweißlinge taumeln heran, sie schweben im weichen, warmen Wind des Spätsommers, [...] der Wind spielt mit unsern Haaren, er spielt mit unsern Worten und Gedanken.* (S. 14)

In der Darstellung des Geschehens dominiert ein einfacher, verständlicher Wortschatz. **Umgangssprachliche Wendungen** sind häufig vertreten, manchmal mit Verkürzungen, in Teilen auch mit Andeutungen und sprachlichen Bildern, die aber aufgrund ihrer Geläufigkeit für alle verständlich sind: „Donnerwetter, das nennt man Schwein haben!" (S. 10); „– das schafft." (S. 7); „Er ist und bleibt ein magerer Hering." (S. 7); „Sein spitzes Mausegesicht fing ordentlich an zu schimmern, die Augen wurden klein vor Schlauheit" (S. 10)

Untereinander reden die Soldaten in einer Sprachvarietät, die als „**Landserjargon**" bezeichnet wird. Die Engländer heißen „Tommys" (S. 50) und wenn Kat das Gefühl hat, dass ein schwerer Angriff kommt, umschreibt er es mit den Worten: „Diese Nacht gibt es Kattun" (S. 50) oder „Es gibt Zunder" (S. 57). Der Koch ist der „Küchenbulle" (S. 7), der für das Essen logistisch

Zuständige der „Furier" (S. 8) und der große Topf ist die „Gulaschkanone" (S. 7) oder der „Bouillonkeller" (S. 9). Mit bildhaften Umschreibungen werden die unterschiedlichen Angriffswaffen kategorisiert. Es gibt „Langrohr und dicke Brocken" (S. 8), gemeint sind Kanoneneinschläge bestimmter Waffen.

Zu dieser Landsersprache gehört auch ein **derber Humor**, der dem alltäglichen Grauen die Spitze nehmen soll. Der Protagonist Paul reflektiert selbst über die Funktion dieser teilweise zynischen Sprache:

> *Das Grauen der Front versinkt, wenn wir ihm den Rücken kehren, wir gehen ihm mit gemeinen und grimmigen Witzen zuleibe; wenn jemand stirbt, dann heißt es, daß er den Arsch zugekniffen hat, und so reden wir über alles, das rettet uns vor dem Verrücktwerden, solange wir es so nehmen, leisten wir Widerstand.* (S. 126)

Die **Sätze sind eher kurz und einfach strukturiert** und somit auch für den ungeübten Leser leicht aufzunehmen. Die Episodenstruktur im Aufbau findet ihre Entsprechung auf der syntaktischen Ebene in der häufig vorkommenden **parataktischen Reihung** der Sätze und im **Parallelismus** als Stilmittel. Die resignative Stimmung der Soldaten nach zermürbenden und verlustreichen Tagen an der Front wird dadurch besonders deutlich:

> *Monoton pendeln die Wagen, monoton sind die Rufe, monoton rinnt der Regen. Er rinnt auf unsere Köpfe und auf die Köpfe der Toten vorn, auf den Körper des kleinen Rekruten mit der Wunde, die viel zu groß für seine Hüfte ist, er rinnt auf das Grab Kemmerichs, er rinnt auf unsere Herzen.* (S. 69)

Durch die Aufzählung und häufige Wiederholung einzelner Wörter und Satzstrukturen vermittelt sich dem Leser die **Monotonie des Frontalltags**.

Insgesamt bleibt die Sprache des Erzählers konkret und anschaulich und gibt Reales unverstellt wieder. Dies lässt den Text authentisch wirken und verleiht den kurzen Dialogen den

Charakter von Wahrhaftigkeit. Viele Leser haben den Roman genau so empfunden. So heißt es in einer Zuschrift eines ehemaligen Frontkämpfers an die Redaktion der *Vossischen Zeitung*: „Der Grabenmensch, der ‚Muschke‘, der arme Hund, redet hier endlich. Wort für Wort ist es seine Rede und sein Denken. Ich kenne alle die Soldaten, von denen Remarque spricht, jeden einzelnen, und einer davon bin ich selber.“[16]

## 6 Interpretation ausgewählter Schlüsselstellen

### Inwiefern lassen sich die Kernaussagen des Romans im 1. Kapitel wiederfinden? – Aufbau und Funktion des 1. Kapitels (S. 7– 22)

Im Vorwort zu seinem Roman erklärt Remarque, über eine Generation berichten zu wollen, die „vom Kriege zerstört wurde – auch wenn sie seinen Granaten entkam" (S. 5). Die erzähltechnische Gestaltung des ersten Kapitels macht mit den ersten Sätzen bereits deutlich, dass hier **ein Erzähler** agiert, der nicht sich selbst in den Mittelpunkt stellt, sondern sich **als Sprachrohr einer Gruppe** versteht und von deren Erleben berichten will: „Wir liegen neun Kilometer hinter der Front. Gestern wurden wir abgelöst; jetzt haben wir den Magen voll weißer Bohnen mit Rindfleisch und sind satt und zufrieden." (S. 7) Der Ich-Erzähler tritt konsequent hinter die Gruppe zurück, das **Erzählen im „Wir"-Modus** dominiert.

Nicht nur das Personalpronomen „wir", auch die mitgeteilten Befindlichkeiten unterstreichen, dass das **Frontgeschehen als ein kollektives Erlebnis** gestaltet wird: Alle haben nicht nur die gleiche Mahlzeit gegessen, sie empfinden auch offenbar im Gleichklang das Wohlgefühl eines gefüllten Magens und relative Zufriedenheit nach den zehrenden Tagen an der direkten Frontlinie. Kollektiv haben sie sich als abgekämpfte Soldaten auch durchgesetzt gegen den knauserigen „Küchenbullen", der der dezimierten Mannschaft nicht die volle Ration für die Kompanie aushändigen wollte.

Der **direkte Einstieg** bewirkt überdies, dass der Leser unmittelbar ins Geschehen hineingezogen wird. In Kombination mit dem historischen Präsens wird **jede erzählerische Distanz aufgehoben**. Der Leser fühlt sich fast wie ein Mitglied der vorgestellten Gruppe, da er so nah am Geschehen ist.

Die einzelnen Figuren des engeren Kreises um den Protagonisten Paul Bäumer werden erst in einem zweiten Schritt mit nur wenigen charakterisierenden Zügen vorgestellt. Umso mehr erscheinen sie als gemeinsam handelnde Einheit und werden als solche herausgehoben aus der gesamten Kompanie.

Im ersten Kapitel wird der Leser – vergleichbar einer Exposition bei dramatischen Texten – in kunstvoller Weise in das zentrale Thema eingeführt: Das **Leben der Frontsoldaten ist ein Kampf ums Überleben** und der Sicherung der elementaren und existenziellen Bedürfnisse wird alles andere untergeordnet. In den drei Episoden des Kapitels geht es um die Eroberung ausreichender Essensportionen (S. 7 ff.), um die Erholung nach einem Kampfeinsatz (S. 12 ff.) und das Sterben (S. 18 ff.), unterbrochen durch eine Rückblende auf die Schulzeit der Protagonisten, die das Ausmaß der Desillusionierung der jungen Soldaten gleich zu Beginn veranschaulicht. Vorgeführt wird nicht das Kämpfen an der Front, vielmehr werden die existenziellen Rahmenbedingungen gezeigt, die das Handeln der Romanfiguren bestimmen. Diese **erzählerische Komposition** verdeutlicht einmal mehr, dass es Remarque nicht – wie bei vielen anderen Kriegsromanen jener Zeit – um eine heroische und mehr oder minder chronologische Darstellung des Ersten Weltkrieges geht, sondern um die literarische Gestaltung der destruktiven Gewalt des Krieges schlechthin.

Dabei arbeitet Remarque mit **Anspielungen und Kontrasten**. Auf diese Weise erreicht er eine eindrückliche Darstellung des Frontalltags, ohne überhaupt eine Kriegshandlung beschrieben zu haben. Die Schrecken der Front werden z. B. indirekt deutlich in den hohen Verlusten, wenn von 150 ausgerückten Soldaten nur noch 80 in die Feldküche zurückkommen. Die „Latrinensitzung" nach dem Essen bildet in ihrer Idylle einen starken Kontrast zum tosenden Schrecken eines Sturmangriffs im Grabenkampf.

In der „Latrinenepisode" versammeln sich drei der ehemaligen Gymnasiasten auf einer Wiese hinter der Feldküche. In **Form eines reflektierenden Erzählerberichts** verdeutlicht der Protagonist, wie die jungen Soldaten mit dem Verlust jeder Privatsphäre umgehen. Die Soldaten müssen in aller Öffentlichkeit ihre Notdurft verrichten und haben gelernt, ihre Scham zu überwinden (vgl. S. 13). Bei allem, was sie gesehen und erlebt haben, ist diese Überwindung noch eine der nachrangigen. Sie verarbeiten die Gegebenheiten, indem sie alle Worte, die mit dem Verdauungsvorgang zu tun haben, in ihren alltäglichen Wortschatz übernehmen, in derber bis komischer Brechung das ehemals Schambesetzte also zum Selbstverständlichen machen („Dem Soldaten ist sein Magen und seine Verdauung ein vertrauteres Gebiet als jedem anderen Menschen. Dreiviertel seines Wortschatzes sind ihm entnommen, und sowohl der Ausdruck höchster Freude als auch der tiefster Entrüstung findet hier seine kernige Untermalung.", S. 13). Dass sie damit die Regeln bürgerlicher Anständigkeit verlassen, wird herausgestellt: „Unsere Familien und unsere Lehrer werden sich schön wundern, wenn wir nach Hause kommen, aber es ist hier nun einmal die Universalsprache." (S. 13)

Mithilfe dieser Episode wird schon angedeutet, was der Fronteinsatz den Soldaten abverlangt und welche Konsequenzen das hat, ohne den Leser sofort mit der grausamen Realität konfrontieren zu müssen. Es wird gezeigt, dass die Soldaten ihr Schamgefühl und ihre Hemmungen überwinden müssen, wobei dem Leser klar ist, dass dies im Krieg noch in ganz anderen Situationen notwendig ist als beim gemeinsamen Latrinengang. Durch die Bemerkung des Ich-Erzählers, dass der neu erworbene Wortschatz in der Heimat bei den ehemaligen Autoritäten auf Entsetzen stoßen wird, deutet er schon die **Kluft** an, die sich für die Soldaten **zwischen ihren Kriegserfahrungen und ihrem alten Leben** auftut. Dies alles passiert allerdings in einem lockeren Ton und bei einem Thema, das humoristisch wirkt und gar nicht zur Beschreibung eines Kriegseinsatzes zu passen scheint. Dem Leser ist also von Anfang an klar, dass es bei dieser Idylle nicht bleiben kann, sodass diese ein Gefühl von Spannung und latenter Bedrohung erzeugt. Die „Latrinensitzung" findet in einer Umgebung statt, die idyllischer nicht sein könnte. Ein blauer Sommerhimmel, vom warmen Lufthauch bewegte Gräser, leuchtend roter Klatschmohn und Kohlweißlinge lassen ein friedliches Bild entstehen. Man traut diesem jedoch nicht und erwartet jeden Moment den Einbruch der Schrecken des Krieges.

Und tatsächlich ist die Front auch in dieser Situation mit dumpfem Grollen gegenwärtig. Die Idylle stellt nur eine Verschnaufpause dar und die letzte Episode des ersten Kapitels verweist schon auf die bestimmende Realität des Krieges: das Sterben. Die Gruppe besucht den tödlich verletzten Klassenkameraden Kemmerich. Obwohl allen bewusst ist, dass der Verwundete nicht mehr lange leben wird, machen sie ihm Mut und versuchen, ihm Kraft und

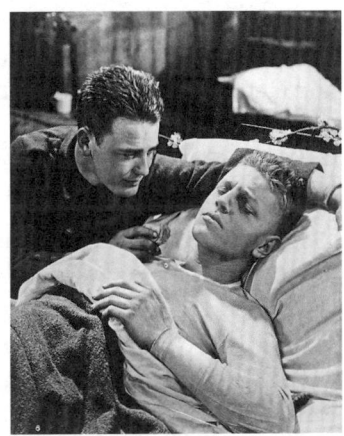

Paul Bäumer erlebt das Sterben seines Kameraden Kemmerich im Lazarett hautnah mit (Filmszene von 1930).

Hoffnung zu geben. Müllers Fixierung auf Kemmerichs gute Lederstiefel steht dazu nur scheinbar in einem Widerspruch und zeigt exemplarisch, wie die Persönlichkeit jedes Einzelnen im Krieg allein auf Überlebensstrategien reduziert wird. Dennoch wird Müller das Mitleid mit dem Sterbenden nicht abgesprochen (vgl. S. 24), was wiederum auf die ganz eigene Kriegsmoral verweist, die im Roman immer wieder eine Rolle spielen wird. Der Soldat hat zwei Gesichter, sein menschliches und sein allein auf das eigene Überleben ausgerichtetes, die an der Front keinen Widerspruch darstellen.

Fatalistisch fällt das Resümee des Protagonisten am Ende aus, mit dem er den Leser zugleich auf das Kommende einstimmt: „Wir sind alle nicht mehr als zwanzig Jahre. Aber jung? Jugend? Das ist lange her. Wir sind alte Leute." (S. 22) Mit dieser letzten Äußerung Bäumers im ersten Kapitel scheint bereits das **Bild der „verlorenen Generation"** auf, die das Kernstück des gesamten Romans bildet, sodass der **Anfang schon auf alle zentralen Aspekte des Romans verweist**. Ähnlich wie bei einem Enthüllungsdrama wird in den folgenden Kapiteln aufgedeckt, wie die Jugendlichen durch den Krieg plötzlich zu alten Leuten und einer „verlorenen Generation" werden konnten.

### Behält der Einzelne im Krieg eine moralische Verantwortung? – Die Duval-Episode (S. 185 – 204)

Der Krieg als Verhängnis, das über die kleinen Leute hereinbricht, die an die Front geschickt werden und die Folgen zu tragen haben – ein solches Bild relativiert die **Frage nach einer persönlichen Verantwortung des Einzelnen**. Der Leser gewinnt den Eindruck, dass irgendwie alle Opfer sind und die Gefallenen und Verletzten von einer Kriegsmaschinerie zerstört werden, in deren alles zermalmendem Ganzen der einzelne Soldat nur als kleines Rädchen schuldlos funktioniert. Das militärische Prinzip von Befehl und Gehorsam sowie drakonische

Strafen bei Befehlsverweigerung lassen dem Einzelnen keinen Raum zu abweichender Entscheidung.

Remarque hat jedoch in die umfangreiche Darstellung der Kämpfe im 9. Kapitel eine kleine Episode eingefügt, die dem Leser jene Frage der persönlichen Verantwortung und die Frage nach individueller Schuld des kämpfenden und tötenden Soldaten vor Augen führt. Paul Bäumer erlebt im Getümmel des Kampfes eine sogenannte „Feindberührung", durch die das feindliche Gegenüber ein Gesicht bekommt.

In dieser Passage wechselt der Protagonist sinnfällig von der kollektiven „Wir"-Form zur „**Ich**"-**Form**. Als „erlebendes Ich" schildert Paul Bäumer sein tiefes Erschrecken.

Nach seinem irritierend verlaufenen Heimaturlaub kehrt Paul Bäumer mit dem Gefühl zurück an die Front, dass dort nunmehr seine Heimat sei, da er sich seinen Kameraden näher fühlt als seiner Familie. Er nimmt die Spuren der schweren Angriffe mit Minenwerfern wahr und sieht zerfetzte Leichenteile in den Bäumen hängen, die von niemandem geborgen werden konnten (vgl. S. 184 f.). Während er sich im sicheren Hinterland erholen konnte, fanden an der Front schwerste Kämpfe statt. Aus einem gewissen Schuldgefühl heraus (vgl. S. 185) und als Kameradschaftsverpflichtung meldet er sich freiwillig zu einem schwierigen Patrouillengang. Bei Nacht sollen die feindlichen Stellungen ausgespäht werden.

Der kleine Trupp geht gemeinsam los und überwindet den vorderen Zaun, doch dann trennen sich die Soldaten, „um einzeln vorzukriechen" (S. 185). Die kurze Schilderung der Aktion verdeutlicht atmosphärisch dicht, wie sehr die Soldaten auf ihre Instinkte und ihre Erfahrung zurückgreifen, um diese Situation zu bewältigen.

Bäumer weiß um die große Gefahr dieses Patrouillenganges; ihm ist bewusst, dass die kleinste Schwäche oder Unvorsichtigkeit ihn das Leben kosten kann. Als eine kleine Granate in seiner unmittelbaren Nähe einschlägt, steigt sein Adrenalinspiegel, Angstgefühle überwältigen ihn. Er fühlt sich ausgeliefert („Ich bin hier allein und fast hilflos im Dunkeln", S. 186). Er malt sich aus, dass er seinerseits von der Gegenseite beobachtet werden könnte und dass die Handgranate, die ihn zerfetzen soll, schon bereitliege (vgl. S. 186). Vergeblich versucht er, die aufsteigende, unbändige Angst mit rationalen Überlegungen zu zügeln, Gedankenfetzen schwirren durch seinen Kopf, ihm bricht der Schweiß „aus allen Poren" (S. 187), er keucht leise. Der „furchtbare[...] Angstanfall" (S. 187) steigert sich weiter und lähmt ihn geradezu: sein Körper gehorcht ihm nicht mehr, er bleibt einfach liegen, seine „Glieder kleben am Boden" (S. 187). Seine **Angststarre** löst sich erst, als er in der Nähe vertraute Worte hört, die ihn „aus der fürchterlichen Vereinsamung der Todesangst" (S. 188) reißen.

Mit neuer Kraft arbeitet er sich vorwärts, immer noch mit Angst, aber einer beherrschbaren. Er nennt sie „eine vernünftige Angst" (S. 189), da sie Konzentration und Fokussierung steigert. Er bewegt sich kriechend vorwärts, beobachtet die feindlichen Gefechtsstellungen und sucht immer wieder in Trichtern Schutz, wenn die Leuchtschirme kurzzeitig die Nacht erhellen.

Als er den Rückweg antritt, verliert er die Orientierung. Einem witternden Tier gleich bewegt er sich zwischen Trichtern, „krebs[t] über den Boden weg" (S. 189). Von Neuem steigt die Angst auf, die Todesgefahr wächst. Der Beschuss wird dichter, die Aufhellungen werden zahlreicher. Er realisiert, dass ein Sturmangriff eingeleitet wird. Die **Atemlosigkeit und die drohende Gefahr spiegeln sich in Ellipsen** („Es scheint ein Angriff zu werden. Überall steigen Leuchtraketen. Ununterbrochen.", S. 190). Immer stärker agiert er im **Modus der rein instinktgeleiteten Überlebenstechnik**, vergegenwärtigt sich im Bruchteil einer Sekunde, wie er sich im Grundwasser eines Trichters so verbergen kann, dass er von anstürmenden gegnerischen Soldaten nicht gesehen werden und dennoch atmen kann. Er will „den toten Mann markieren" (S. 190) und damit eine Strategie anwenden, die man auch aus dem Tierreich kennt. Zugleich besinnt er sich auf eine aktive Verteidigungsstrategie, indem er wie in einem Rollenspiel die nötigen Schritte simuliert, um sich in einer Konfrontation mit einem Gegner kämpfend durchzusetzen. Er hält einen Dolch in der Hand, bereit, sofort zuzustoßen, wenn jemand in seinen Trichter springen sollte.

In dieser angespannten Haltung, voller Angst und zugleich großer Entschlossenheit, verfolgt er das Getöse um sich herum. Und tatsächlich geschieht das Befürchtete: Ein feindlicher Soldat fällt aus vollem Lauf in den Trichter direkt auf ihn. Paul Bäumer vollzieht konsequent und ohne nachzudenken („Ich denke nichts, ich fasse keinen Entschluß", S. 192) die notwendigen Schritte, sticht schnell und ohne zu zögern mit dem Dolch in seiner Hand zu (vgl. S. 192), bevor der feindliche Soldat auch nur in Ansätzen begreifen kann, was geschieht. Paul Bäumer befindet sich in höchster Anspannung, das Röcheln des tödlich verletzten Soldaten scheint ihm zu einem Brüllen anzuschwellen („Es scheint mir, als ob er brüllt, jeder Atemzug ist wie ein Schrei, ein Donnern", S. 192). Das macht ihm Angst und lässt ihn befürchten, dass diese Geräusche ihn verraten könnten. Aber er ist längst wieder zu sich gekommen und empfindet sich angesichts jenes zusammengesackten Körpers als so schwach, dass er „nicht mehr die Hand gegen ihn heben kann" (S. 192). Er sucht Distanz, indem er sich in die gegenüberliegende Ecke des Trichters drückt. Von dort aus beobachtet er den Verletzten aus den Augenwinkeln mit umklammertem Messer, bereit zum Kampf, falls der andere noch in der Lage sein sollte, einen Angriff zu starten.

An Paul Bäumers Verhalten wird deutlich, wie sehr der Mensch infolge des militärischen Drills und der existenziellen

Gefährdungssituation an der Front zu einer „**Tötungsmaschine**" mutiert, die das eigene Überleben sichert, indem das Gegenüber ohne moralische Skrupel getötet wird. So wie ein Skorpion instinkthaft in einer Gefährdungs- oder Jagdsituation blitzschnell seinen giftigen Stachel in den Körper des Gegners oder auch des Opfers schlägt, so handelt auch **der „abgerichtete" Mensch als Soldat.**

Paul Bäumer steckt in der Falle. Er muss in diesem Trichter bei dem sterbenden Soldaten ausharren, bis der Sturmangriff vorbei ist. Inzwischen ist er wieder zu reflektiertem Denken fähig, sitzt angespannt und mit zusammengepressten Händen in dem Trichterloch, vermeidet jeden direkten Blick auf den zusammengesunkenen Körper. Er möchte sich mit der Situation offenbar nicht auseinandersetzen und hält sich die Ohren zu, doch im zunehmenden Licht des anbrechenden Tages kommt er

Die Begegnung mit einem sterbenden französischen Soldaten löst bei Paul Betroffenheit und Zweifel an der Rechtmäßigkeit des Krieges aus (Filmszene von 1930).

nicht umhin, den sich hin und wieder bewegenden Verletzten zu betrachten. Indem er die menschliche Gestalt des tödlich Verwundeten bewusst wahrnimmt, kann er schließlich nicht mehr ausweichen und seine Augen bleiben „wie festgeklebt hängen" (S. 193). Widerstrebend und langsam robbt er in die Nähe des Sterbenden. Als er ihm ganz nahe ist, schlägt jener die

Augen auf und schaut den Protagonisten „mit einem Ausdruck furchtbaren Entsetzens an" (S. 194).

Der **Augenkontakt löst einen Wandel in der Haltung des jungen Deutschen aus**. Der eindringliche Blick vermittelt ihm die Emotionen des Soldaten, die er in bildhafter Sprache erfasst („die Augen schreien, brüllen, in ihnen ist alles Leben versammelt zu einer unfaßbaren Anstrengung, zu entfliehen, zu einem schrecklichen Grausen vor dem Tode, vor mir.", S. 194).

Die Erfahrung dieser zutiefst **menschlichen, nonverbalen Kommunikation** führt Paul Bäumer endgültig zurück zu einem **moralischen Empfinden**. Er begegnet seinem Opfer fortan mit Empathie, verdeutlicht ihm, den er nun als „Kamerad" (S. 195) anspricht, dass er ihm helfen will, gibt ihm Wasser zu trinken, bettet ihn bequemer, knöpft ihm den Kragen auf und verbindet seine Wunde. Und jener sterbende Feind ist bereit und in der Lage, diese Zugewandtheit anzunehmen, und zeigt dies mit einem Nachlassen seiner Körperspannung (vgl. S. 195).

Stundenlang bleibt Paul Bäumer mit dem Sterbenden in dem Trichter und aus dem empathischen Mitleiden erwächst ein **tiefes Erschrecken über seine Tat**. Er kann sich der Verantwortung für sein Handeln nicht mehr entziehen: „Es ist der erste Mensch, den ich mit meinen Händen getötet habe, den ich genau sehen kann, dessen Sterben mein Werk ist." (S. 196) Er fühlt sich schuldig, möchte alles ungeschehen machen. Seine Schuldgefühle steigern sich, er bittet den Sterbenden um Verzeihung („Vergib mir Kamerad!", S. 198). Er ertastet die Brieftasche des Gefallenen und erfährt aus den persönlichen Dokumenten den Namen des Soldaten, den er als Feind, als „eine Kombination, die in meinem Gehirn lebte und einen Entschluß hervorrief" (S. 198), tödlich verletzt hat und den er nun als Mensch, sogar als Kameraden um Vergebung anfleht, nachdem er Bilder, die ihn mit Frau und Kind zeigen, gefunden hat. Er weiß jetzt, dass er den Buchdrucker Gérard Duval, einen Menschen mit

Gefühlen und mit einem Leben, so wertvoll wie sein eigenes, getötet hat.

In dieser dramatischen Szene reift im Protagonisten das Gefühl, Unrecht getan zu haben, zugleich fühlt er sich betrogen: *Jetzt sehe ich erst, daß du ein Mensch bist wie ich. [...] Warum sagt man uns nicht immer wieder, daß ihr ebenso arme Hunde seid wie wir, daß eure Mütter sich ebenso ängstigen wie unsere und daß wir die gleiche Furcht vor dem Tode haben und das gleiche Sterben und den gleichen Schmerz –. (S. 198)*

Die **Selbstanklage ist tief empfunden**, und dennoch bleibt sie letztlich nicht uneingeschränkt gültig. Der Verweis auf das anonyme „man" zeigt, dass er selbst in diesem Moment der Erkenntnis der fundamentalen Inhumanität, die das Töten darstellt, ein Stück der Verantwortung delegieren möchte an diejenigen, die als Autoritäten die falschen Losungen ausgegeben haben. So wie der Krieg in seinen Ursachen nicht wirklich ergründet wird, so wird auch hier das punktuell sichtbar gemachte **moralische Dilemma** anschließend wieder relativiert. Bäumer nimmt, als der Angriff langsam zum Stillstand kommt und er wieder aktiv etwas zu seiner Rettung tun kann, Abstand von seinem Entschluss, die Witwe des Gefallenen aufzusuchen. Obwohl ihn gerade noch schwerste Gewissensbisse geplagt haben, weiß er „schon jetzt, daß [er] es nicht tun [wird]" (S. 201). Gleiches gilt wohl auch für das zuvor als Versprechen formulierte Vermächtnis, in dem er seinen Einsatz für den Frieden nach dem Krieg beschwört:

*Heute du, morgen ich. Aber wenn ich davonkomme, Kamerad, will ich kämpfen gegen dieses, das uns beide zerschlug: dir das Leben – und mir – ? Auch das Leben. Ich verspreche es dir, Kamerad. Es darf nie wieder geschehen. (S. 201)*

Dieses **starke Bekenntnis** bleibt nicht ohne Wirkung auf den Leser, der im Sog dieser dramatischen Szene nachvollziehen kann, wie der Krieg die Menschen, auch die Unverletzten und

Überlebenden, zerstört. Auch wenn Bäumers Beteuerung „Es darf nie wieder geschehen" (S. 201) hier vielleicht nur als aus der Not geborene Beschwörungsfloskel zu lesen ist, so zeigt sie doch, dass auch der Krieg nicht in der Lage ist, den Menschen jeglichen moralischen Empfindens zu berauben.

Zurückgekehrt in die relative Sicherheit hinter den eigenen Linien, stellt Bäumer zwar schon wieder lakonisch fest „Krieg ist Krieg schließlich" (S. 204), und befindet sich damit wieder in der abgestumpften Emotionslosigkeit, die das Überleben wahrscheinlicher macht. Dennoch bleibt beim Leser der Eindruck zurück, gemeinsam mit dem Ich-Erzähler Zeuge einer Wahrheit geworden zu sein, die den Krieg überdauern kann.

# Rezeptionsgeschichte

**Ende Januar 1929** wurde vom Propyläen Verlag im Programm des Ullstein Verlags der **Roman als Buch herausgegeben**. Zu diesem Zeitpunkt lagen bereits Zehntausende an Vorbestellungen vor und der Absatz steigerte sich in den Folgemonaten auf **20 000 Exemplare wöchentlich**. Am ersten Jahrestag der Veröffentlichung war die Marke von einer Million überschritten.

Das Werk schrieb eine **gigantische kommerzielle Erfolgsgeschichte**, aber es war zugleich ein **Thema der Politik**. Die Veröffentlichung löste einen Sturm an Stellungnahmen aus, die überwiegend an der politischen Standortbestimmung und weniger an der Bewertung der literarischen Qualität ausgerichtet waren. Kaum war das Buch auf dem Markt, überschlugen sich die Rezensionen in den Zeitungen. Meinungsäußerungen der politischen Parteien wurden vorgelegt, Berge von Leserbriefen geschrieben. Auf politischer Ebene wurden Maßnahmen ergriffen, um den Einfluss des Romans zu schmälern: Eine beispiellose Hetze gegen das Buch und seinen Autor begann, doch gab es auch begeisterte Zustimmung.

Im Dezember 1930 kam die amerikanische Verfilmung von Lewis Milestone in die deutschen Kinos. Da Bilder als noch wirkmächtiger eingestuft werden als Texte, entfachte die nationale Rechte unter Führung der NSDAP eine massive Kampagne gegen den Film: Massendemonstrationen wurden inszeniert, Kinovorführungen gesprengt, in einzelnen Ländern wurden sogar Aufführungsverbote verhängt.[17] Die deutsche Premiere fand unter massiven Störungen durch die von Goebbels aufgehetzten Nationalsozialisten in Berlin statt.

Polizeiaufgebot vor dem Kino bei der Premiere der höchst umstrittenen Verfilmung des Remarque-Romans.

Remarque war geschockt von den öffentlichen Reaktionen auf seinen Roman und entzog sich jeder eigenen Positionierung im politischen Meinungsstreit. Er betonte immer wieder, dass er die menschliche Dimension des Krieges habe zeigen wollen, äußerte sich zu den politischen Debatten substantiell nicht, ebenfalls nicht zu der Auseinandersetzung um das Aufführungsverbot für den Film von Milestone.

Um das Phänomen verstehen zu können, soll im Folgenden die politische Lage in den Jahren um die Veröffentlichung des Romans kurz beleuchtet werden.

## Historischer Hintergrund der zeitgenössischen Rezeption

Die Jahre 1928 bis 1930 sind Jahre der Weichenstellung für den Untergang der Weimarer Republik. Die Koalition der Mitte, die die zwanziger Jahre dominiert und eine Konsolidierung in Staat, Wirtschaft und Gesellschaft erreicht hatte, wurde zunehmend von den erstarkten deutschnationalen Kräften unter Druck gesetzt, insbesondere nach Ausbruch der Wirtschaftskrise als Folge des Börsencrashs vom Oktober 1929. Eine zentrale Rolle spielte dabei der von Außenminister Stresemann ausgehandelte **Young-Plan zur endgültigen Regelung der Reparationsleistungen.** Dagegen mobilisierte ein immer größer werdendes Bündnis von nationalistisch gesinnten und politisch rechts stehenden Kräften unter Einschluss der NSDAP einen **Volksentscheid.** Sie drohten jedem Regierungsmitglied eine Klage auf Landesverrat an, sollte die Vereinbarung unterzeichnet werden, und unterstellten der Parlamentsmehrheit, gegen die Interessen des deutschen Volkes zu handeln.

Der Volksentscheid erreichte zwar nicht die erforderliche Mehrheit, aber die Kampagne bot den rechten, nationalistischen und antidemokratischen Kräften eine massenwirksame Plattform zur Darstellung ihrer politischen Ziele und Vorstellungen. Der Ruf nach einem starken, im Zweifel auch autoritären Staat und nach einer gegen parlamentarische Einflüsse und gesellschaftliche Entwicklungen immunisierten politischen Führung gewann immer mehr Anhänger. Mit der Ernennung des ehemaligen Frontoffiziers Heinrich Brüning zum Reichskanzler am 30. März 1930 begann die Periode der „Präsidialregierungen", die die parlamentarische Demokratie systematisch aushebelten. Vollendet wurde diese Entwicklung im Jahr 1933 von Adolf Hitler und der NSDAP.

In diese politische Gemengelage fiel die Veröffentlichung des Romans und die Auseinandersetzung damit wurde sehr schnell zu einer politischen Positionsbestimmung der Rezensenten.

## Tendenzen der Rezeption

Die ersten und spontanen **Leserbriefe,** die der *Vossischen Zeitung* gesandt wurden, waren **voll des Lobes** und betonten vor allem die **Authentizität der Darstellung.** Viele Leser, namentlich ehemalige Frontsoldaten, identifizierten sich in hohem Maß mit den zentralen Figuren um Bäumer und Kat.[18] In den ersten

Wochen nach Erscheinen wurde der Roman keinesfalls überwiegend einer pazifistischen Position zugeordnet. Das Fehlen
jeder direkten politischen Stellungnahme oder von Äußerungen
zu Entstehung und Entwicklung des Krieges, die resignativ-fata-
listische, dennoch tapfere Haltung der Figuren, das Herausstel-
len der Kameradschaft – diese Elemente wurden von den Lesern
der ersten Stunde betont und das Fehlen jeder politischen Positionierung schien für viele die Glaubwürdigkeit der Gestaltung
zu begründen.[19]

Auch die ersten professionellen Kommentare in den Zeitungen und Zeitschriften waren überwiegend positiv, gingen jedoch
nur am Rande auf den literarischen Wert oder die ästhetischen
und erzähltechnischen Ebenen des Werkes ein. Selbst diejenigen
Schriftstellerkollegen, die sich öffentlich äußerten, betonten die
inhaltliche Aussage und vermieden eine Bewertung des Kunst-
charakters. Von Walter von Molo, zu jener Zeit Präsident der
Preußischen Dichterakademie, stammt die später viel zitierte
Formulierung, der Roman *Im Westen nichts Neues* sei ein
**„Denkmal des unbekannten deutschen Soldaten"**; Ernst
Toller, ein in jenen Jahren bekannter Dramatiker, sah in dem
Roman „das stärkste Dokument der ‚großen Zeit'".[20] Überwiegend wurde in der Folgezeit die **pazifistische Aussage des
Romans** hervorgehoben. In der Eindringlichkeit der Darstellung sahen viele Rezensenten des liberal-demokratischen Lagers,
insbesondere viele Schriftstellerkollegen, einen Garant dafür,
dass die Jugend gegen die verbreitete glorifizierende Kriegslite-
ratur immunisiert werde. So formulierte Ernst Toller durchaus
pathetisch als Schluss seiner Rezension:

*Kein moderner Dichter hat großartiger eine Schlacht, einen
Gasangriff, ein Handgemenge, einen Besuch in der Heimat
geformt, nie werde ich das Trommelfeuer über dem Friedhof
vergessen, nie das Sterben der hilflosen, verwundeten Pferde
[…]. Dieses Buch sollte in Millionen Exemplaren verbreitet,*

*übersetzt, in allen Schulen gelesen, von allen den Krieg bekämp-*
*fenden Gruppen gekauft und verschenkt werden. Es sagt mehr*
*über das Volk und seinen Anteil am Krieg aus als dickleibige his-*
*torische Wälzer und Statistiken.*[21]

Mit dem großen Erfolg des Romans begann jedoch eine zuge-
spitzte **ideologisch-politische Bewertung und Diskussion**,
die mit großer Härte geführt wurde.

Bei allen Unterschieden, die die einzelnen Rezensionen und
Kommentare aufweisen, können typische **zentrale Aussagen
der Kritiker** je nach politischem Standort identifiziert werden:

**Konservative und rechtsgerichtete Rezeption:** Kennzeich-
nend für die rechte und nationalistische Seite war der **Angriff
auf die Person Remarques.** Mit einer **Diffamierungskam-
pagne** versuchte sie, die Glaubwürdigkeit des Textes zu erschüttern: Remarque sei ein französischer Jude, der nie an der Front
gewesen sei, und der Roman sei ein „Machwerk" eines Herrn
„Kramer", dem aufgrund der Namensänderung mit Misstrauen
zu begegnen sei. Anti-Schriften wurden verfasst (mit so spre-
chenden Titeln und Autorennamen wie „Vor Troja nichts
Neues" von Emil Marius Requark)[22], die das Thema ins Lächer-
liche zu ziehen versuchten.

Die Kritik aus der rechten Ecke beließ es jedoch nicht bei solchen Manövern. Im Erfolg des Romans und der breiten Rezeption unterschiedlicher Leserkreise sahen die politischen Parteien
und Vereinigungen, die sich in der Kampagne für einen Volksentscheid zum Young-Plan mit dem Ziel sammelten, den Versailler Vertrag zu kippen und das Wiedererstarken einer deutschen Armee zu befördern, eine direkte Gefährdung ihrer politischen Bestrebungen. Die **Bewertung des Ersten Weltkrieges war entscheidend für die politische Positionierung**.

So warfen die Nationalisten dem Autor vor, die „Drachensaat
des Pazifismus"[23] zu säen und das Bild des tapferen deutschen
Soldaten zu schänden. Als exemplarisch für die nationalistische

Position kann folgender Ausschnitt aus einer Rezension in einem der Blätter der völkischen Bewegung, *Deutschlands Erneuerung,* aus dem Jahre 1929 angesehen werden:

> *Hinter dieser, an sich bestechenden Darstellung lauert, meist klug bemäntelt und nur mitunter kraß hervorspringend, die international-pazifistische, gegen ‚Militarismus' und überhaupt jede Autorität gerichtete Tendenz. [. . .] Was uns hier anweht, ist nicht der Geist unserer unsterblichen feldgrauen Helden, die ihr Blut für das Leben Deutschlands gaben, es ist der Geist jener zermürbten und irregewordenen Masse, in dem die schmachvollste aller Revolutionen ihren Wurzelboden fand. In solchem Sinne an unsere Kriegsgefallenen denken, hieße, sie trostlos als umsonst gefallen betrauern, – hieße, den Kampf, den sie bis zum letzten Blutstropfen geführt haben, verneinen, statt ihn – wie ihr heiliges Andenken fordert – fortzuführen, bis Deutschland wieder frei ist.*[24]

Was der eigenen heroisierenden Sicht auf das Kriegsgeschehen widersprach, wurde als „tendenziös", die Wirklichkeit verbiegend, gebrandmarkt, während sie selbst unumstößliche Wahrheiten zu verkünden beanspruchten – eine **typische Vorgehensweise ideologischer Manipulation.**

Scharf und hetzend, ohne eine Spur von ernsthafter Auseinandersetzung mit der Sache, formulierte der *Völkische Beobachter,* die Parteizeitung der NSDAP, im August 1929:

> *Es ist eine jauchzende Entschuldigung der Deserteure, Überläufer, Meuterer und Drückeberger und somit ein zweiter Dolchstoß an der Front, an den Gefallenen aber eine Leichenschändung [. . .]. Woanders hinge ein solcher Schmierfink längst von Staats wegen an einer Laterne auf einem öffentlichen Platz zur Abschreckung. Oder er wäre von den Frontsoldaten in seinem Elemente, der Latrine, ersäuft worden.*[25]

Von solchen Äußerungen bis zur **Bücherverbrennung** nur wenige Jahre später war es nur ein kurzer Weg. Am 10. Mai 1933, als auf dem Opernplatz vor der Humboldt-Universität in Berlin das „undeutsche Schriftgut" symbolisch verbrannt wurde, übergab der Vertreter des nationalsozialistischen Studentenbundes die Werke Remarques mit folgenden Worten den Flammen:

„Gegen literarischen Verrat am Soldaten des Weltkrieges, für Erziehung des Volkes im Geiste der Wehrhaftigkeit! Ich übergebe dem Feuer die Schriften von Erich Maria Remarque!"[26]

Bei den Bücherverbrennungen durch die Nationalsozialisten fiel auch Remarques Roman *Im Westen nichts Neues* den Flammen zum Opfer.

**Rezeption der marxistischen Linken:** Auch die marxistische Linke, insbesondere die KPD, lehnte den Roman in scharfer Form ab und startete ebenfalls **persönliche Angriffe auf den Autor** – wenn auch mit gänzlich anderen ideologischen Versatzstücken. Als exemplarisch für die Argumentationslinie kann ein Ausschnitt aus der Parteizeitung der KPD, *Rote Fahne,* gelten:

*Das Buch über die Kriegsschuld von 1914 ist noch nicht geschrieben. Pazifismus ist die furchtbarste Kriegsschuldlüge, weil er die wahren Ursachen des Krieges, die in den politisch-ökono-*

*mischen Voraussetzungen der bürgerlichen und kapitalistischen Gesellschaftsordnung liegen, leugnet und sich weigert, ihre einzig mögliche Beseitigung durch den gewaltsamen Sturz dieser Gesellschaftsordnung zu fordern.*[27]

Remarques Werk wurde abgelehnt, weil es **keinen „parteilichen Standpunkt" einnehme** und der Autor darauf verzichte, die herrschende Gesellschaftsordnung für den Krieg verantwortlich zu machen. Sowohl von den linken als auch den rechten politischen Parteien und Vereinigungen wurde Remarques Werk die „**Tendenz des Pazifismus**" vorgeworfen und aus beiden Richtungen erfolgte daraufhin entschiedene Ablehnung: Für die Rechte verriet er den heroischen Kampf der Frontsoldaten, für die Linke benutzte er den Pazifismus als Verschleierungstaktik der wahren, kriegstreibenden gesellschaftlichen Verhältnisse des Kapitalismus.

Tendenzen der Rezeption

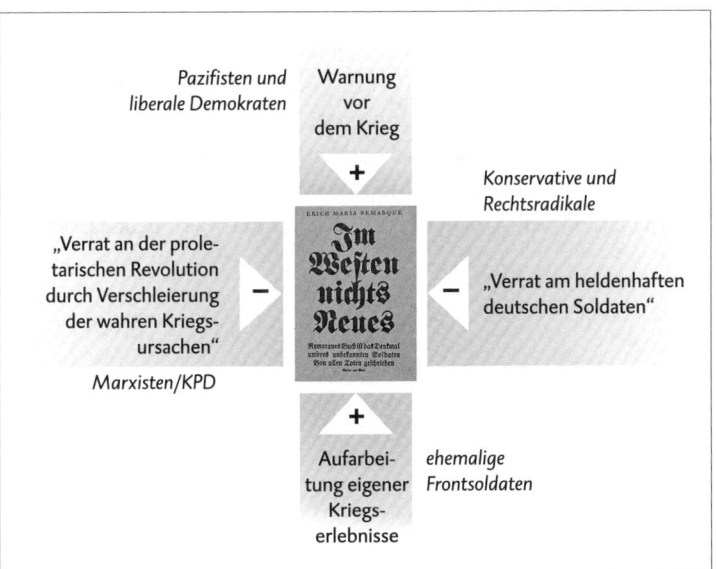

## Rezeption des Romans in der Gegenwart

Der schnelle und überwältigende Erfolg des Romans kann zwar nicht unabhängig von der Bestseller-Marketing-Aktion des Ullstein Verlags beurteilt werden, aber dennoch war dem Titel nicht das Schicksal so vieler hochgeputschter Erfolgsromane beschieden, die nach einer Saison in Vergessenheit gerieten. Der Roman *Im Westen nichts Neues* hat dem Leser die Grausamkeit des Krieges vor Augen gestellt, hat Kampf, Leiden und Tod entheroisiert. Da Raum und Zeit des Geschehens vage bleiben und auf jedes ideologische und politische Bekenntnis verzichtet wird, können Leser in verschiedenen Ländern und auf verschiedenen Kontinenten sich mit den zentralen Figuren identifizieren. Aus diesem Grund reicht die Rezeptionsgeschichte des Romans bis in die Gegenwart. Nicht nur wurde der Plot 1979 erneut verfilmt, sondern Remarques Werk fand auch in die Schule Eingang, wo der Roman häufig als Lektüre gelesen wird. Neuerdings inszenieren sogar Theater das Werk, unter anderem im Jahr 2014 das Staatsschauspiel Hannover, das Staatstheater Braunschweig oder das Thalia-Theater in Hamburg. In der 2014 erschienen Graphic Novel von Peter Eickmeyer wurde dem Roman von Remarque noch einmal eine ganz neue Bildlichkeit verliehen. Dies unterstreicht die zeitlose Gültigkeit des Romans, da Krieg in seinen unterschiedlichen Ausprägungen immer ein Thema ist, das die Menschen überall auf der Welt beschäftigt.

# Literaturhinweise

### Verwendete Textausgabe

REMARQUE, ERICH MARIA: *Im Westen nichts Neues.*
Köln: Verlag Kiepenheuer & Witsch, 1. Auflage 2014

### Sekundärliteratur

BAUMER, FRANZ: *Erich Maria Remarque.* Morgenbuch-Verlag,
Reihe: Köpfe des 20. Jahrhunderts, Berlin 1994
Eine kurze Biografie

CHAMBERS II, JOHN W./SCHNEIDER, THOMAS F.: *„Im Westen
nichts Neues" und das Bild des ‚modernen Krieges'.* In: *Text und
Kritik* (Hrsg. v. Heinz Ludwig Arnold), Nr. 149/2001

HÜPPAUF, BERND (Hrsg.): *Ansichten vom Krieg.* Athenäum,
Königstein 1984
Aufsatzsammlung

SCHNEIDER, THOMAS (Hrsg.): *Erich Maria Remarque: Ein militan-
ter Pazifist, Texte und Interviews.*
Verlag Kiepenheuer & Witsch, Köln 1994
Sammlung unterschiedlicher Texte und Materialien

SCHRADER, BÄRBEL: *Der Fall Remarque.* Reclam, Leipzig 1997
Dokumentation der Auseinandersetzung um das Werk

STERNBURG, WILHELM VON: *Als wäre alles das letzte Mal – Erich
Maria Remarque, eine Biographie,* Verlag Kiepenheuer &
Witsch, Köln 1998
Eine ausführliche Biografie

WESTPHALEN, TILMAN (Hrsg.): *Erich Maria Remarque 1898–
1970.* Rasch, Osnabrück 1988
Sammlung von Aufsätzen zu einzelnen Aspekten

# Anmerkungen

1 Franz Baumer: *Erich Maria Remarque*. Berlin 1994, S. 27.
2 Interview mit der *Kölner Zeitung*, 26.11.1929, zit. nach: Franz Baumer, a. a. O., S. 26.
3 Zitiert nach: Franz Baumer, a. a. O., S. 28.
4 Tagebuch vom 9. Okt. 1918. Zit. nach: Wilhelm von Sternburg: *Als wäre alles das letzte Mal.* Köln 1998, S. 70.
5 Vgl. Wilhelm von Sternburg, a. a. O., S. 77.
6 Vgl. Wilhelm von Sternburg, a. a. O., S. 141.
7 Franz Baumer, a. a. O., S. 62.
8 Zitiert nach: Franz Baumer, a. a. O., S. 65 f.
9 Vgl. Wilhelm von Sternburg, a. a. O., S. 147.
10 Passagen aus der *Vossischen Zeitung*, Fundstelle: Erich Maria Remarque: *Im Westen nichts Neues* – Ausgabe mit Materialien. Köln 1987, S. 267 f.
11 Vgl. Wilhelm von Sternburg, a. a. O., S. 162.
12 Robert van Geldern: *Erich Maria Remarque Lays Down Some Rules for the Novelist*, (*The New York Times Book Review*, 27.1.1946), zit. nach: Wolfhard Keiser: *Erich Maria Remarque: Im Westen nichts Neues.* Hollfeld 2013, S. 33.
13 Vorankündigung des Abdruckes in der *Vossischen Zeitung*, in: Thomas Schneider (Hrsg.): Erich Maria Remarque: *Im Westen nichts Neues. Text mit Materialien.* Köln 2014, S. 319.
14 Zitiert nach: Thomas Schneider (Hrsg.): *Erich Maria Remarque: Ein militanter Pazifist. Texte und Interviews.* Köln 1994, S 138 f.
15 Thomas Schneider (Hrsg.): *Ein militanter Pazifist*, a. a. O., S. 121.
16 Zitiert nach Hubert Rüter: *Remarque – Im Westen nichts Neues.* Paderborn, München, Wien, Zürich 1980, S. 75.
17 Wilhelm von Sternburg, a. a. O., S. 148 ff.
18 Vgl. Peter Bekes: *Erich Maria Remarque: Im Westen nichts Neues.* München 1998, S. 87.
19 Vgl. Wilhelm von Sternburg, a. a. O., S. 154.
20 Zitiert nach Wilhelm von Sternburg, a. a. O., S. 155.
21 Zitiert nach Hubert Rüter, a. a. O., S. 152.
22 Zitiert nach Wilhelm von Sternburg, a. a. O., S. 149.
23 Zitiert nach Hubert Rüter, a. a. O., S. 159.
24 Zitiert nach Hubert Rüter, a. a. O., S. 159.
25 Zitiert nach Hubert Rüter, a. a. O., S. 160.
26 Zitiert nach Peter Bekes, a. a. O., S. 92.
27 Zitiert nach Hubert Rüter, a. a. O., S. 157.